「月のリズム」で夢をかなえる

ムーン・マジック

Moon Magic

岡本翔子

Okamoto Shoko

デザイン：雫純子（aflo design）
カバー写真：© Fotosearch
本文写真：株式会社 PPS 通信社

プロローグ

子どもの頃、七夕になると五色の短冊《たんざく》に願いごとを書き、夜空を見上げて天の川で彦星と織姫がランデブーする姿を探したものです。みなさんも色とりどりの短冊に一生懸命、願いごとを書き、「夢がかないますように」と、夜空の星に願いを込めたことがあるかもしれません。そのときの純粋な気持ちを思い出してみましょう。

七夕のとき短冊に願いごとを書いたり、受験前に神社で絵馬を書き合格祈願をする習慣があるのも、「心から真剣に願えば、そこには不思議な力が宿る」と、私たち人間が大昔から信じてきたからでしょう。**私たちは心のどこかで、「夢はきっと実現する」ことを本能的に知っている**のだと思います。

しかし、大人になり私たちは、「人生はなかなか一筋縄ではいかない」という苦い現実も味わっています。「夢をかなえることができるのは、生まれつきラッキーな人だけ」という冷めた考え方をすることで、不満だらけの自分の現実に折り合いをつけている人もいるでしょう。

今の時代は、先行きが不透明です。長引く不況に将来の可能性を狭められ、夢を抱くこと自体に空しさを覚える世代もいます。バブル経済を知らずに育った若い世代は、身近にある小さな幸せを求める傾向が強いといわれます。子ども時代に描いた壮大な夢を封印して生きている人も多いのではないでしょうか。

その逆で、華やかなバブルの時代が忘れられず、消費礼賛に代わる新しい価値観を見出せずに、閉塞感を募らせる人々もいるでしょう。経済不況のみならず、環境問題や天変地異、また世界の国々で繰り広げられる紛争などにより、人の心はますます不安を抱え、より精神的なものを求めるようになっています。こんな時代だからこそ、心の拠りどころとなるもの、スピリチュアルなものへの関心が高まっています。

月は太古の昔から満ち欠けを繰り返し、夜空を明るく照らし、私たち人間とともにありました。だれの心の中にもあるはずです。仕事帰りにふと空を見上げると、西の空に三日月が昇っていたとか、デートの帰り道に明るい満月が輝いていたという記憶が。月の放つ柔らかい光に、心が癒されたことはないでしょうか。

ここで紹介するのは、**あなたの心の願いを実現するのにふさわしいタイミングやものの考え方**です。そしてそれには、〝月のカレンダー〟を使います。古代の知恵の集大成でもある占星術によると、新月は物事を始めるのにふさわしい時期です。植物の成長になぞらえれば、新月は種まきの時期に相当します。初夏にまくべき種を真冬にまいても、成長は期待できません。かろうじて芽が出たとしても、適切な時期にまく種とは比べものにならないくらい、収穫まで数々の困難に見舞われるでしょう。

夢の実現においても同様です。新月は1年でおよそ12回起こります。黄道《こうどう》12宮の各星座で起こる新月には、それぞれ特徴があります。たとえば牡羊座で起こる新月は、牡羊座らしい性質を帯びています。したがって**各新月には、それぞれ得意分野がある**のです。願いごとの種類により、どの新月に手助けをしてもらえるかは、後ほど（第2章にて）詳しく説明することにします。まずは、私の運命を決定づけることになった、新月のエピソードについてお話ししてみましょう。

占星術を始めて20年以上の月日が流れましたが、若い頃の私はとても懐疑的な性格でした。20代の初めに占星術と出会い、そのイメージの豊かさや解釈の奥深さにすっかり魅了され、いつしか占星術の本場であるイギリスに留学したいと望むようになりました。

しかし当時の私は実家を出て、一人暮らしの身。留学費用はもとより、ロンドンまでの飛行機代すら手元にないほど約《つま》しい生活を強いられていました。

そんなあるとき、当時の占星術の師である山田孝男氏に強くすすめられ、シルバ・メソッドという、アメリカで流行っていた潜在能力開発の実践プログラムを受けることになりました。「それって自己啓発という名の宗教なのでは？」とあまり乗り気ではない私に、先生は決して安くはない受講料を肩代わりしてくれてまで、私にそのプログラムをすすめたのです。その理由はといえば、「占星術をやっていく上で、将来きっと役に立つはず」というものでした。

なかば渋々参加した実践プログラムでしたが、そこで習ったメソッドの中で一番印象的だったのは、願望を視覚化（ヴィジュアライズ）するテクニックです。

たとえば「タバコをやめたい」「取引をまとめたい」「試験に受かりたい」などの願いがあったら、その願いがかなった状態を、心のスクリーンにありありと映し出します。できればディテールまで詳しく描ければ描けるほど、その願いはかなうというのがシルバ・メソッドの理論でした。当時の私の夢は、「ロンドンで暮らしたい。占星術の勉強をロンドンで究《きわ》めたい」という、その頃の私の状況からいえば実に荒唐《こうとう》無稽《むけい》なものでした。なぜなら今ほど海外留学がポピュラーな時代ではなかったからです。

けれども、そのプログラムの中の「疑う心が夢の実現を妨げる」との教えに、とりあえず素直にしたがってみることにしました。さっそく私はその夢を、心のスクリーンに描いてみることにしたのです。

「より具体的に視覚化せよ」とのアドバイスにより、ロンドンの中心にあるピカデリー・サーカスに自分が座っている姿を思い浮かべることにしました。この広場には「エロスの像」があり、観光客にとっては格好の待ち合わせ場所です。

今になって思えば、その姿は〝おのぼりさん〟そのもので、笑ってしまうのですが、当時は真剣このうえなし。大真面目にその「エロスの像」を思い浮かべ（多分、ガイドブックや映画などの映像で見ていたのでしょう）、自分が幸せそうに微笑んでいる姿を、何度も何度も心のスクリーンに焼きつけたのでした。

さらに私はその夢に〝期日を設ける〟ことも忘れませんでした。貯金がゼロの身で、1カ月後に夢のロンドン生活を始めるというのでは、あまりに非現実的。そこで「1年後に私はすでにロンドン生活を始めている」というプログラミングをすることにしました。これこそ、今でいう**アファメーション**（Affirmation＝ポジティブな宣言。本書では願いごとの意味も含めます）というテクニックです。

その後、1年の間に私の身に起こったことは、当時の私にとって奇跡としかいいようがありません。講習を受け、心に願いを強く念じ視覚化（ヴィジュアライズ）した数週間後、突然、某大手化粧品会社のイベントの仕事が舞い込み、月々ちゃんと「夢」をかなえるための貯金ができるようになりました。

そして数カ月後には、さらにその夢を具体化するため実家に戻り（家賃などの経費を節約するため）、仕事を続けながら留学の準備をするようになりました。

〝奇跡〟という言葉を聞くと、みなさんは「見知らぬだれかが、私にポンと留学費用を出してくれる」というようなことを思い浮かべるかもしれません。しかし〝願いが

かなう〟ということは、実はそれが実現するような現実が徐々に整っていくことではないでしょうか。**自分が掲げた「夢」に連動して、心の中にも変化が訪れ、その「夢」にふさわしい人間になるべく、自分自身が成長していく**のです。そしてその結果として、その夢が現実のものとなるのでしょう。

「ロンドンで暮らし、占星術の勉強を究めたい」と心に念じたちょうど1年後の4月のある日に、私はイギリスに向けて旅立ち、ピカデリー・サーカスの「エロスの像」の下に腰かけて幸せな気分に浸りました。

そして1年間、私はロンドン生活を謳歌しながら、英国占星学協会にて師にも恵まれ、思う存分勉強することができたのです。

約1年後に帰国し、その後、占星術家としてのキャリアをスタートさせて現在に至ります。留学を終えた後、現在に至るまで、勉強や仕事でイギリスには数十回も足を運びましたが、今でも「エロスの像」を見ると、当時の感動が生々しく甦ります。あの留学がなければ、今のキャリアもなく、今頃自分は何をしていたのか、皆目見当もつきません。

その後もいろんな出会いに恵まれて、納得のいく仕事をしてこられたのも、20代の初めに〝無意識に心に念じた願い〟がかなったことから、すべてが始まったのだと思っています。

実はシルバ・メソッドで習ったテクニックは、何も特別なことではありません。おそらく私たち人間が、太古の昔から願いをかなえるため、本能に従って無意識に行ってきたことを理論化したにすぎないのです。

人間の想像力の豊かさには、現実を大きく変える力があります。**「夢を実現する」ということは、その夢という最終地点までの道程を、どれだけ詳しく想像できるか、にかかっている**のです。私が「ピカデリー・サーカスに座る自分の姿」をありありと視覚化したように（通りを走る赤い2階建てのダブル・デッカーバス、黒塗りの箱形タクシー、オースティン、そして各国から訪れる観光客の姿までも登場させましたっけ）、**「夢に至るまでの道筋」を繰り返し繰り返しイメージできたら、あなたを取り巻く現実は、念じた夢がかなう方向へと、徐々に整っていく**はずです。

ここでは「願いごと」を単にイメージするだけではなく、**「書く」**という方法をとります。なぜなら私たちの心は広大なイメージの宝庫です。夢をかなえるためのポジティブな想像力だけではなく、ときとして人間は、不安や自暴自棄から生じるネガティブな想像に取りつかれることもあるからです。

「書く」という行為は、いろんな考えをまとめ、手を通じて脳に直接指令を与える方法としても有効です。心がくじけそうになったときや、怠け心が生じたときなどにも、固い決意でもって書き記したものをふたたび見ることにより、心の迷いが消え、頭上の暗雲も去っていきます。

さらに**新月という特別なエネルギーを秘めた日に、その願いを書くことで、あなたの願いは実現しやすくなります。**

実は数年前から、1年分の月の満ち欠けをもとにした手帳（『ＭＯＯＮ ＢＯＯＫ』アスペクト刊）を出版し、毎年リピーターが増え続けています。月とともに暮らす楽しさを知る人々が、日本中に広がっています。今こそ、私自身が体験した出来事をもとに、月の満ち欠けリズムを利用した「夢をかなえる方法」を紹介するよい機会だと思い、今までどこにも書いたことのなかったロンドン留学にまつわるエピソードを記す気になりました。

ちなみに、私が過去に受講した潜在能力を開発するプログラムは、新月を挟んで講座が行われていたことが、後になってわかりました。しかもその講座は3月末に行われたので、物事を始めるのにふさわしい牡羊座の新月でした（詳しくは第2章を参考のこと）。1年後に旅立った日は新月ではありませんでしたが、その1年後に帰国を果たした日は、奇《く》しくも月が最高潮に満ちていく満月だったのです！

このように私の人生は知らず知らず、宇宙を彩る天体に導かれて現在に至っています。今はもう少し意識的に、月のリズムを使って苦手なことに取り組んだり、月を眺めながら自分の心と対話したりしています。

本書を手に取った方々が、月の満ち欠けリズムを生活に取り入れ、新月や満月をひとつのターニングポイントとして自分の夢を実現していけたら、著者としては望外の喜びです。

ムーン・マジック　目次

第1章

新月・満月のパワーで夢をかなえる

ここでは、月についての
知識を深めましょう。
そして大きく分けて
8つの位相の中でも、
新月・満月だけが
なぜ特別なのかを学びます。

月は無意識の願望の象徴

子どもの頃から、私たちは幾度となく、月が満ちては欠け、また欠けては満ちていく様を目にしてきたはずです。月は闇の中から現れ、細く弓なりの姿となって銀色の光を放ち、やがては夜空を明るく照らす満月となるまで満ち続け、ふたたび闇の中へと消えていきます。

普段の生活ではあまり意識していなくても、太古の昔から永遠に繰り返されてきたその満ち欠けのリズムは、私たちの心と体の奥深くに刻まれているのでしょう。

昔の人々は、月が潮の満ち干《ひ》や天候、女性の体の周期、植物の成長、生物の行動パターンや産卵などに関係があることを知っていました。

占星術では、**月は私たちの気分や感情に影響を及ぼす天体**だといわれています。太陽が明るい昼の意識の象徴ならば、月は夢の世界の案内人であり、**無意識の願望**を表しています。

二つの暦（カレンダー）を上手に使いこなす

私たちの日々の生活は、太陽中心のカレンダーで動いています。世界中でもっともポピュラーな「太陽暦」は、その名の通り、太陽の運行を基準にした暦です。これは地球が太陽を一周する約365日に基づいて作られました。今の世界標準暦は、「グレゴリオ暦」で、1年を365日とし、4年に一度、閏年《うるうどし》を定め、実際の太陽年との誤差を修正しています。

これに対する月のカレンダー「太陰暦」は、月のサイクルを基準にしています。月が地球の周りを一周して同じ姿を見せるには、約29・5日かかります。月の姿（月齢）がそのまま日付を表すのが大きな特徴です（新月が1日、満月は15日というように）。

本書で使うカレンダーは、**月の満ち欠けと黄道上の位置（月が占星術上のどの星座にあるか。月の星座）**を重要視します。今でもヨーロッパのある地方では、「先人の知恵」として先祖代々、美容や食生活などの「生活全般」や「農業」に、月の位相《いそう》（月の満ち欠けの形）や毎日の月の星座を行動指針として役立てている人々がいます。また、フランスをはじめ日本などでも、月の運行をもとにビオディナミ農法でワインを造る人々もいます。

合理性や便利さを追求した「太陽暦」は世界中に普及していきましたが、それでも世界のあちこちに、いまだに月のカレンダーで生活する人々がいるのは興味深い事実です。いろんな考えが頭をよぎってなかなか寝つかれない日に、ふと窓を開けて空を眺めると満月が浮かんでいる……。そんな経験をした人は多いのではないでしょうか。理屈ではうまくいい表せませんが、月には不思議な魅力があり、私たちの理性というより、感性や本能の部分にダイレクトに訴えかけてくるように思います。

実は、数年前から私はとても面白い経験をしています。月についていろいろ調べていくうちに、いまだに月のカレンダーを使っているイスラム圏の言葉であるアラビア語を勉強するに至りました。在日サウジアラビア王国大使館付属の教育・研究機関で、約2年間、アラビア語を学びました。その学校では、授業の始めにその日の日付をア

ラビア語で記すのですが、ホワイトボードの左端には西暦（つまり一般的な太陽暦）を、そして右端にはイスラム暦が書かれます。

　あるときふと、イスラム暦では、月の満ち欠けに合わせて日付が増えていくことに気がつきました。つまり、太陰暦なのです。新月の日には新しい月が始まり、日付は1に。そして満月の日には15日と日付が記され、その日を境に夜空を彩る月も徐々に欠けていくのです。その二つのカレンダーを日々、目にするうちに、いつしか私の日常生活は「太陽のカレンダーで行うこと」と、「月のカレンダーで行うこと」に、分業態勢が敷かれていくようになりました。

　毎月、いくつもの雑誌連載を抱えている私ですが、仕事はもちろん、通常の暦で行います。しかしいつも仕事の締め切りに追われていて、心に浮かんだアイデアや企画、将来やりたいことなどはついつい後回しにしてしまうのです。そこで考えました。「**自分が心からやりたいこと、将来の夢に関わるようなことは、月のカレンダーで動いてみよう**」と。

　毎日毎日、仕事をこなしながら、その一方で**「そろそろ次の新月だな。ずっと温めている企画に関して、まず第一歩を踏み出さなくっちゃ」と心の準備を始める**のです。

また私の生活に必要不可欠な旅（仕事が一段落すると、年に2～3回は海外でリフレッシュします）は、必ず月のカレンダーに基づいて日程を決めることにしました。

たとえばアフリカを旅して、砂漠に行きつく日が満月になるように日程を組むのです。そのおかげか、旅先でも数々の面白い出会いがあり、世界中にネットワークが広がりつつあります。そうやって「月のカレンダー」を意識するうちに、いつしか忙しい日常の中に、「別の時間」がゆっくりと流れるようになりました。

さらには「新月に始めたこと」をやりっぱなしにするのではなく、**その新月が起こった星座に、月が満月となって戻ってくる約半年後、「新月の願い」を検証してみる**という実験も行うようにしてみました。

その結果、まず気持ちの切り替えが上手になったように思います。もともと怠け者で、面倒なことをついつい後回しにしてしまう傾向がある私ですが、「月」という鈎《フック》を使うことで、自分の内なる望みに、より目を向けるようになり、〝本当にやりたいこと〟に気持ちをフォーカスしやすくなりました。今では、ますます月がもたらす神秘やその奇跡に敬意を表しています。

何も難しいことではありません。夜空を彩る天体の中で、月は私たちにとってもっとも身近な天体。月とともに暮らし、新月&満月、そして次に記す8つの位相のリズムを味方にすることで、あなたの人生は大きく花開くはずです。

月の満ち欠け―8つの位相

まず、月をよく知ることから始めましょう。

月は新月から満月へと満ちていき、満月を過ぎるとふたたび欠けて、新月に戻ります。月は約1カ月（29・5日）の周期で、このサイクルを繰り返しています。

新月の後、最初に空に現れる月は、夕暮れの空に銀色の弧を描きます。北半球に住む人々には、右側が輝く細い月です。その後、月の昇る時刻は日ごとに遅くなっていきます。そして満月になると、夜空に高く昇り、白銀の光を地上に投げかけます。欠けていく月は、目に見える時間がどんどん短くなり、夜明けの空にゆっくりと消えていきます。

月の位相とは、月・太陽・地球という三者が織りなす神秘の舞踏（ダンス）のようなものです。月は地球を照らす太陽の明るい光を、一定の位相で反射しています。月の満ち欠けには、８つのステージがあります。なかでも新月と満月は特別なステージですが、新月や満月に至る途中の各位相を理解することで、より月のリズムを生活や夢の実現に利用することができるでしょう。

●新月

新月（ニュームーン）は日の出とともに出て、日没とともに沈みます。日中は、太陽の光が近くにある月を圧倒し、夜は太陽とともに地球の裏側に位置しているため、肉眼でその姿を見ることはできません。占星術でいうと、太陽と月が合《ごう》（コンジャンクション／●）の状態です。

占星術では、太陽は意識、そして月は無意識の象徴です。新月は、意識（太陽）と無意識（月）が出合うポイントなので、**心の中にある願望を意識化するのにうってつけの時期**といえるでしょう。

新月とはその名の通り、何か新しい物事が始まることを暗示しています。**計画を立てたり、新しいことに挑戦したり、今までとは違った方法で物事に取り組んだりする**

のに適した時期です。もちろん願いごとを唱えるのにも新しい行動を起こすのにも、もっともふさわしい期間です。新たな誓いを立てて実行してください。

またアイデアが直感的にひらめくかもしれません。この日の〝不思議な予感〟は特に価値があります。一人で過ごす時間を大切にしましょう。

新月は植物の成長になぞらえると、種に相当します。まかれた種が地中に埋まっている状態なので、今がまったく無の状態に思えることもあります。しかし地中の奥深くでは、芽吹く準備が整えられています。後で振り返ってみるまで、その重要性に気づかないこともあるでしょう。しかし**無意識の中では、新しい何かが生まれつつあるの**だと自覚してください。

三日月

三日月（満ちていく三日月）は日の出から正午の間に出て、日没後に沈みます。午後遅くから夕方にかけて、西の空にその銀色の姿を現す、最初の月の位相です。

月は少しずつ満ち、新月で始まったことが徐々に形になり始めます。三日月は、**将来のための基礎を築く期間**です。

早く前に進みたいと思っても、焦りは禁物。二歩前進して一歩後退するというようなゆっくりとした歩みでも、確実に物事は動き始めます。途中で抵抗にあっても、気落ちしてはいけません。ここで大切なことは、**自信のなさややる気のなさを克服すること**です。

あなたのやることに対して、否定的な人はだれなのかを把握してください。そしてそういう人からは距離を置く必要があります。

三日月は、植物の成長になぞらえると芽に相当します。新月にまかれた種が土の中から芽を出し、住み慣れた暗く湿っぽい土を離れて成長を始めます。未来を決定づける基礎づくりをする時期なので、新月のように直感ではなく、知性を使って物事を進めましょう。

上弦の月

上弦の月（満ちていく半月）は正午頃に昇り、夜中頃に沈みます。占星術でいうと、太陽と月が90度の角度（開いていくスクエア／□）になります。昇ってから沈むまで、その姿を見ることができます。

上弦の月は**決断を下す時期**です。**三日月のときに進めた準備や計画に従ってプロジェクトを立ち上げ、実際に行動を起こします。**心理的には意識（太陽）と無意識（月）の間に葛藤が起こるので、障害に出合う場合もあります。しかし90度の角度（スクエア／□）は、障害をばねに創造性を生み出す力も暗示します。

達成を妨げるものに立ち向かい、それを取り除くこと。目標をしっかりと見据え、態勢を整え、計画を推し進めましょう。ここであなたが味わう苦しみは、いうなれば成長の苦しみでもあるのです。

植物でいうと、上弦の月は成長の段階です。土に含まれる養分を吸収するに従い、根は深くなり、茎は育ち、やがては葉をつけるようになります。三日月で芽生えた芽を、嵐や害虫などからしっかり守る覚悟が必要です。

○豊《ほう》穣《じょう》の月

この月の位相は通常、ギバウスムーンと呼ばれますが、満月に近づきつつあるその姿から、ここでは豊穣の月と名づけました。

豊穣の月は午後から夕方にかけて昇り、夜明け近くに沈みます。上弦の月（半月）が過ぎ、満月になる前の満ちていく月で、その姿は月が昇った直後から、沈むまで見ることができます。

新月に始まった事柄に関して、何らかの技術を身につけたい時期です。豊穣の月の位相では、**戦略やテクニックの見直しを図り、これまで起こったことを見定めて、そこから何かを学ぶようにしましょう。**〝分析・評価・改善・開発〟が、この時期のキーワードになります。

またここでは、新月に始まった純粋な目的に、利害や権力が絡んでくることがあります。俗にいう〝魔がさす〟時期で、自分の欲望やエゴとしっかり向き合う必要があるかもしれません。

豊穣の月は植物でいうと、つぼみに相当します。しっかりと包まれた命が脈打ち、花として開花する時を待ち望んでいます。あなたの無意識の中にある、野心や虚栄心を自覚してください。そして新月時に心に願った純粋な気持ちをいま一度思い出し、本来の目的からずれた行動をしないように気をつけましょう。

○満月

満月は、太陽が西の空に沈んでいくと同時に東の空に現れ、日の出とともに沈みます。占星術でいうと、太陽と月が衝《しょう》（オポジション／＝１８０度の角度）の状態です。月が昇ってから沈むまで、一晩中その姿を見ることができます。

物事が成就する時期です。新月に始まった計画事が頂点に達します。よくも悪くも、結果がはっきりと表れてきます。新月で思いついたアイデアに勝算がありそうなら、さらに前進しましょう。ただし満月には増幅作用があり、**潜在していた問題も表面化**

しやすいので気をつけてください。

　このまま計画を推し進めることに自信が持てないと判断したら、ここでバランスをとったり、再検討をしたりする必要があります。今まで築き上げてきたことに対する、肯定的なひらめきや意味のある目的を探すことが課題となるでしょう。それが見つからないと、情熱が冷めてしまうかもしれません。

　一般的にいって満月の日は、気分が高揚し喜怒哀楽がいつもより激しくなります。衝動的にもなりやすく、自己コントロールが難しい時期です。

　植物の成長になぞらえれば、満月は花に相当します。満月になるとつぼみは開き、花を咲かせ、その美しさを周りの人々と分かち合おうとします。**パーティーを開いたり、外出したりするのにふさわしい日**です。

　美やアートに親しみ、音楽を聴き、美しい風景を愛《め》でましょう。夢などにも注意を払い、想像力を広げてください。

○種まき月

この月の位相は通常、ディセミネーティングムーンと呼ばれますが、ディセミネート＝「種子をばらまく」というラテン語の語源より、はぜてあちこちに種をまいていることから、ここでは種まき月と名づけました。

種まき月は満月直後の、月が日に日に小さくなる、欠けていく月です。夕方から夜にかけて現れ、日の出から正午にかけて沈みます。満月同様、月が昇ってから沈む直前までその姿を見ることができます。

ここでは**満月の時期にピークを迎えたことや成就したことを、さらに発展させます。**また、そこから学んだことを発表する段階です。種が〝はぜる〟ということは、それを世の中に広めることです。自分が成し遂げたことや、ひらめきから得た知識を世の中の人々と分かち合い、学んだことを広めてください。

種まき月は、物事が成就した後の段階なので、具体的な利益が得られる場合もあります。**プロジェクトにかかわる人々と意見を交換したり、支援者を見つけたりするのにもよい時期。**計画がうまくいかない場合は、不安や恐れ、守りの気持ちが芽生えます。

種まき月は植物の成長にたとえると、実がなって種がはぜる時期に相当します。満月＝開花の後に訪れる結実の段階です。ここでは今まで行ってきたことに対する知恵が授かります。**あなたの経験を世の中に広めたい、という気持ちで行動してください。**

下弦《かげん》の月

下弦の月（欠けていく半月）は夜中頃に出て、正午頃に沈みます。夜中に空を見上げると、左側が弧を描く半月を発見できるでしょう。占星術でいうと太陽と月が90度（閉じていくスクエア／□）の状態です。月が昇ってから沈むまで、その姿を見ることができます。

この時期は「意識の危機」と呼ばれます。意識（太陽）と無意識（月）との間に葛藤が起こり、今までやってきたことを継続していくうちに、「自分の人生はこれでよいのだろうか」と自問自答するようになります。閉じていくスクエアの角度は、あなたに能力不足を自覚させます。

また、いったんピークを迎えてしまったこと、成し遂げてしまったことに対する情熱が薄れてくる段階です。心の中では、人生の一部に決着をつけようとする動きがあるかもしれません。**自分のやってきたことを振り返り、見直しを行うのによい時期です。**

短期の計画は、下弦の月のもとで実を結ぶという暗示もあります。したがって、次は何をしようかなどと考え始めますが、まだ何も具体化しない段階です。

植物の成長になぞらえれば、下弦の月は収穫の段階です。自らの生命を他者に与えることで、他者がその生命を受け継ぎ、命を育むことができます。この期間は、月のリズムがブレーキのような役目を果たすため、何事もペースダウンしてかまいません。攻撃の手を緩め、自分の心身の欲求に素直に耳を傾けてみましょう。

鎮静《ちんせい》の月

この月の位相は通常、バルサミックムーンと呼ばれますが、新月に近づきつつあるその姿から、鎮静の月と名づけました。

鎮静の月（欠けていく三日月）は夜明け前に出て、牛後から夕方に沈みます。月が太陽に近づきつつある期間なので、肉眼では発見しにくい位相です。夜明けから朝早くにかけて、東側の空にその銀色の姿を現す最後の月の位相です。

鎮静の月の期間は、**物事に決着をつけるのに適しています**。これまでしてきたことを振り返り、うまくいかない部分を取り除きます。たとえば人間関係なども、この先どうするのか、白黒ハッキリさせたくなるかもしれません。

またこの時期は、新しいアイデアに思いを馳せたり、いくつか新しいことを試してみる実験期間でもあります。わき道にそれてしまうこともありますが、**実はそれが次のサイクルの重要な種子である**ことが、後になってからわかる場合もあります。

過去の失敗を嘆いても仕方ありません。すべての終焉は、新しい始まりの種のようなものだと確信し、新月を静かに待ちましょう。

鎮静の月は、植物の成長でいうと堆肥《たいひ》を施す段階です。植物の花や葉は朽ちて、やがては土に返ります。それが堆肥となり、次の新しい種子に滋養を与えるでしょう。

鎮静の月の期間は、人を内省的にします。満月のときに得る洞察力は創造的ですが、この時期に得る洞察力はより深遠で、内面に向かったものになります。

夢をかなえるために

月の満ち欠けの8つの位相を植物の成長になぞらえることで、各位相にはどのような作用があるかが、具体的にイメージできたと思います。新月に始まり、次の新月で終わる月のサイクルは、約1カ月で完結します。

「ほんの1カ月という短いサイクルで、物事は完結するのかしら」という疑問を抱かれた人もいるでしょう。願いごとにしても、1カ月くらいで達成できることもあれば、もっと壮大な夢もあるはずです。たとえばダイエットならば、1カ月もあればそれなりの結果が目に見えるはずです。しかし「将来、自分のお店を持ちたい」というような夢は、おそらく何サイクル、もしくは数年がかりで取り組むべき夢といえるでしょう。

このように**願いごとの性質上、簡単なものもあれば、かなりの時間を要するものも**

あるということを、まず心に留めておきましょう。**月の満ち欠けと自分の心の動きを、何カ月か観察してみる**こともおすすめします。すると「そういえば、2カ月前の新月の日にも、同じような気分になった」とか、「3カ月前の豊穣の月のときに行った軌道修正が、今月の満月に成功を収めた」などという結果が導き出されるかもしれません。

　本書では、**新月に願いごとを唱えてそれで終わりとせず、願いごとを唱えたときの新月の星座に、月が満月となって戻ってくるときを重要視しています。**

　3月末〜4月末の新月は牡羊座で起こりますが、月が満月となって牡羊座に戻ってくるのは、約半年後の9月末〜10月末にかけて。牡羊座の新月に書き記した「願いごと」が、約半年後にどのような結果になっているか、検証してみるのです。

　なぜこのようなことを行うかといえば、夢がかなうとはどういうことなのか、いま一度説明する必要があります。新月時に願いごとを紙に書き、心に強く念じることで、あなたの現実は徐々に変わっていきます。日常の物事の捉え方も前とはちょっと違ってきます。夢にふさわしい自分になるために、あなた自身の生きる姿勢が変化し、人生の見方も変わってきます。こうした微妙な変化をちゃんとキャッチして、自分自身

もその流れに自然に乗るようにしてみましょう。

逆に、**まるで変化がないようでは、その夢はあなたにとって本当に必要かどうか疑問に思われます。**また願いごとを意識することで、心の中にあるその願いに反するネガティブな考えが芽生えることがあります。しかしこの考えに気づくことはとても大切です。

夢をかなえる過程で、その達成を妨げるものは、実は他人ではなく、自分の心の中にある恐れや不安、他者への依存や自信のなさといったネガティブな考えや感情です。そういった否定的な感情に気づいたら、また次の新月に、それらの否定的な考えがなくなるよう、月に願いを込めればよいのです。

つまり、夢をかなえるということは、自分の中にある否定的な感情や考えに振り回されずに、その目的に何の疑いもなく進んでいくことにほかなりません。いい換えれば、**自分の可能性を心から信じられる人こそが、現実を変える力を持つ**のです。

ですから、新月から約半年が過ぎ、自分の現実がどう変化したかを検証するのは意味があることなのです。なぜなら**たいていの願いごとは、半年もすればなんらかの結果が見えてくる**からです。

33ページでも説明しましたが、満月は新月で始まった計画が頂点に達する時期です。と同時に、潜在していた問題が表面化したり、新月時の願いに反する心の動きなども起きやすいのです。よくも悪くも、**物事をハッキリさせる力が満月にはある**ので、その満月パワーを上手に利用して、よりあなたの夢を実現しやすい方向に軌道修正を行うのです。

長期を覚悟で取り組む夢に対し、短いスパンで実現させたいアファメーションは、28～38ページで説明した8つの位相に沿って行うとよいでしょう。

新月&満月のリズムを理解しながら日々の生活を営むうちに、あなたの中では、日常とはまた違った時間がゆっくりと流れるようになります。さて、次の章では、1年のうちに12回起こる各新月・満月時に行うべき具体的な方法を説明していきましょう。

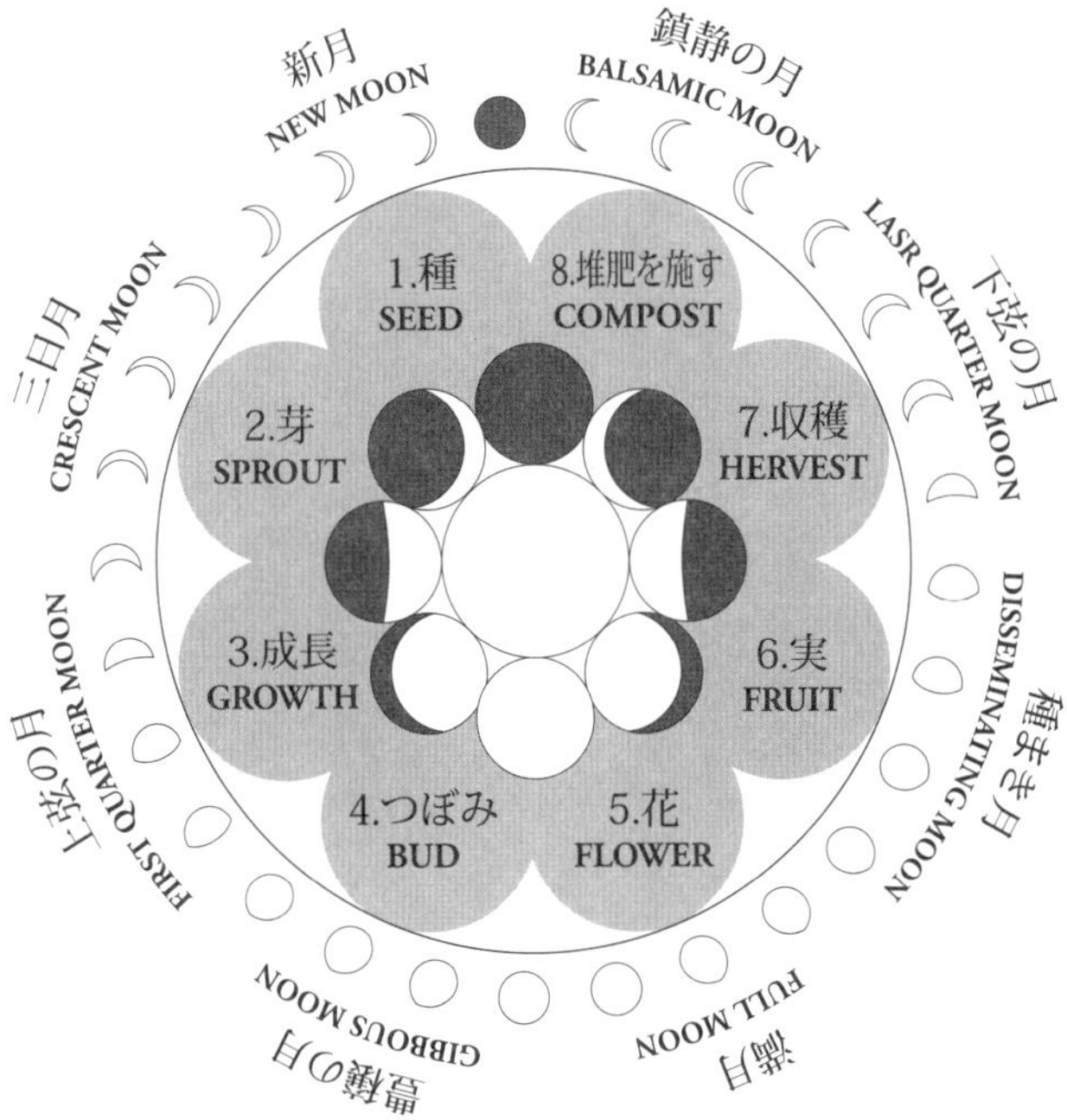
新月
NEW MOON
鎮静の月
BALSAMIC MOON
下弦の月
LASR QUARTER MOON
種まき月
DISSEMINATING MOON
満月
FULL MOON
豊穣の月
GIBBOUS MOON
上弦の月
FIRST QUARTER MOON
三日月
CRESCENT MOON
1.種
SEED
2.芽
SPROUT
3.成長
GROWTH
4.つぼみ
BUD
5.花
FLOWER
6.実
FRUIT
7.収穫
HERVEST
8.堆肥を施す
COMPOST

第2章

12星座の新月・満月の持つパワーを上手に使おう

夢を実現するにあたり、
12星座にはそれぞれ
得意分野があることを
知りましょう。
各星座の特徴に合った
願いごとや行動を始めることで
あなたの夢がかなうのです。

よい結果を導き出すためのヒント

私たち人間には、心に強く念じたことを実現させる、不思議な潜在能力が備わっています。しかし子どもの頃の夢を忠実に胸に抱き続け、それを大人になってからかなえる人もいれば、願ったことをひとつも実現できない人もいる。その違いはいったい何なのでしょう。

おそらくそれは、私たちに生まれつき備わった想像力《イマジネーション》、もっとわかりやすくいい換えれば、〝無意識のうちにその目的＝内なる願いを実現していく自分の姿を、ひとつも疑わずに繰り返しイメージする力〟があるかないかに負うところが大きいのだと思います。

人間の心は広大で、「〇〇になりたい」と願う一方で、そうなることを恐れる気持ちや不安、または他人の力をあてにする依頼心や甘えなどがごちゃまぜになっているのです。そういった雑念を整理し、意識に上っている想いと、無意識下にひそんでいる想いとを一致させることが大切なのでしょう。

新月がなぜ特別な力を持つかというと、新月とはまさに太陽（意識）と月（無意識）とが出合う接点であり、月の8つの位相で述べたように、植物の成長にたとえると「種」に相当するからです。

新月という特別な日に、願いごとを紙に書き、未来の自分に向けて種まきをする。ただし「将来、こうなったらいいなぁ」などと漠然と思うだけではダメなのです。やはり「書く」という行為が、願いごとをよりいっそう自覚する意味でも、とても大切です。そしてできればその紙を、自分の部屋の見えるところに貼っておく、もしくは手帳にはさんでときどき眺めることをおすすめします。

また**アファメーションを書いたとき、同時に、その願いがかなったときの自分の姿をありありとイメージすることで、よりその願いは心に強く刻まれます。**プロローグに書いたように、目をつぶり、深く呼吸を整え、心の雑念を取り払ってから、まぶたの裏側に心のスクリーンを描き出し、まるで映画のワンシーンのように、あなたが夢を実現している姿を映し出すのです。これは瞑想のテクニックなのですが、訓練すれば、だれでもできるようになります。

たとえばあなたが「将来、自分の店、おいしいパン屋さんを開きたい」と思ったとします。まず第一にやることは、新月の日に、その夢を紙に書くことです。そして気持ちを静めて目をつぶり、心のスクリーンに、あなたが望むかわいいインテリアに囲まれた、おしゃれなベーカリーを描いてみるのです。

●まずお気に入りのエプロンをつけた自分の姿を描きます。

●次に、棚に並んでいるおいしそうなパンをイメージします。クロワッサンに、バゲット、手作りのサンドイッチなども配置してみます。

●壁の色は何色でしょうか。パステル？　それともテラコッタ？　漆喰の質感がありありと感じられますか？　それとも地中海風のタイルを張ってみますか？

●映画の撮影の手法のようにパン（レンズを左右に動かす）してみて、店構えを映し出してみます。

お店の看板は見えますか。店の名前は決まっているのでしょうか？

●さらに五感を働かせ、視覚だけではなく、嗅覚や聴覚にも訴えかけてみましょう。
パンが焼けるおいしい匂いが漂ってきます。
店に流れるBGMはどんな音楽でしょう。

●最後に、ここが肝心なのですが、その店で働くあなたは幸せそうに微笑んでいるでしょうか？

実はここで紹介したイメージングの手法は、深層心理学におけるアクティブイマジネーションというものです。初めての人には、なかなか思い通りの映像が描けないことが多いのですが、その場合は、**コラージュなどを使うのも効果的**です。

コラージュは、まず大きめの画用紙を用意します。雑誌などからお気に入りの写真を切り抜いて、その画用紙に次々と貼りつけていきます。「○○の勉強をしに△△に留学したい」と願うなら、あなたが目指す勉強や学校に関わる写真や、住みたいと思っている都市や街並みの写真を見つけて切り抜き、その画用紙にカラフルに貼りつけていきます。お気に入りの自分の写真も配置するのを忘れないように。そのコラージュを何度も見るうちに、その図柄が脳裏に焼きつけられて、目をつぶったときに「夢がかなう」映像をイメージしやすくなります。

こういったイメージングも、新月の日に行うと効果的です。あとは、あなたの願いに沿って、現実が動き出すのをワクワクしながら待てばよいわけです。第1章でも書いたように、通常の生活はちゃんと太陽のカレンダー通りに行ってください。イメージングにハマり過ぎて、現実をおろそかにしては本末転倒です。ときどき月を眺めて、その後の生活にちょっとした変化が訪れたかどうか、検証してみることもおすすめします。

大切な友達や仕事仲間などに、あなたの夢について語るのもよいでしょう。そこから有益な情報が集まってくるかもしれません。しかし、人に話すことで、思わぬ否定的な想念を浴びる危険性もあります。**「そんなことは実現するはずがない」「もしうまくいかなかったら……」というネガティブなことをいいそうな人には、黙っていたほうがよいのかもしれません。**

さらに、願いを実現させる途中で、他人だけではなく自分の心の中の否定的な考えにもとらわれてしまうことがあります。その場合も自暴自棄になったり、あわてたりしないで、**次の新月の日に、「心の中の否定的な考えがなくなるように」**と、**月に願いを込めましょう。**

願いごとを書き記す際にも、ちょっとしたコツがあります。たとえば恋愛に関して、「○○が私を好きになってくれますように」というお願いごとはかないません。新月の不思議な力で、**他人を自分の思い通りにしようとしてもうまくいきません。**あくまでも**願いごとは自分主体で書くのが基本**であり、他力本願では夢はかなわないのです。では、どのように書けばよいのでしょう。たとえば「彼（彼女）にとって魅力的な私になりたい」「私と一緒にいて、彼（彼女）が心からくつろげるように自分が変わりたい」というように、あくまでもあなた自身が主体となるように、願いごとを書けばよいのです。

また恋に関する願いでいえば、いきなり「○○さんと結婚したい」と書くよりも、「○○さんと過ごすときに、楽しい話題を提供できる私になりたい」というように、**まずは日常的なシーンを演出してみる**のもうまいやり方です。

もちろん現在、特別な恋愛対象がいない人でも、「私にふさわしい恋人を作る」と願いを込めることは可能です。

ただし心に留めておいてほしいことがあります。**現在あなたが置かれている状況をつくっているのは、ほかならぬあなた自身**だということ。月の光は、虚飾を取り去ったあなたの真の姿を映し出します。つまり、このお願いの文句では、あなたの現在の成長の度合いに合った男性しか出現しないということになります。

恋愛に自信がない、まだ心の準備ができていないという人は、段階を踏んだ願いごとを、何度かに分けて書いていくことをおすすめします。

たとえば「男性と自然に話ができる環境を授けてください」や「素敵な男性と話をするとき、緊張しない私になりたい」から始まり、「素敵な男性が、また会いたいと思えるような魅力を私に授けてください」や「自分の欲求ばかりでなく、相手の望むことを察知できる感受性を持ちたい」と進み、「相手からしばらく連絡がなくても、パニックにならない私でいたい」、ひいては「過去の恋愛のトラウマから完全に立ち直れますように」というような文句を、段階を踏んで書き記してみるのです。

その一つひとつが実現できれば、最終的には今以上に自分に自信が持てるし、恋をする準備も整うと思います。

私の知人に、だれもが認める絶世の美女がいるのですが、彼女の口癖は「結婚したい」です。あるとき私は彼女に質問をしてみました。「口ではいつも結婚したいといっているけど、実際に自分がだれかと結婚している姿をありありとイメージできる？」と。

どんな家に住み、どのような夕食を二人で囲んでいるか、そういった具体的な結婚生活について、驚くことに彼女にはまったくイメージすることができなかったのです。

それを指摘すると、彼女自身がびっくりして、自分の無意識の中にある、結婚に対する恐れや不安、ひいてはシラけた気持ちなどについて考えるようになりました。さらに洞察を深めると、素敵なレストランで男性と食事をするシーンは思いつくのに、自宅でくつろぎながら夫となる人と食卓を囲むというイメージが、どうしても湧いてこないのです。

つまり口では「結婚したい」というセリフを繰り返しながらも、彼女の無意識はさほど結婚を望んでいないという事実に思い至りました。

このように、自分の将来の夢を紙に書く、という行為は、まるでリトマス試験紙のように、あなたの心の深層を映し出すこともあるのです。紙に書き出した願いごとと、あなたの心の深層にあるものが一致していなければ、当然、願いごとは実現しないでしょう。

ですから新月時に願いごとを書く際は、まずピュアな気持ちになってください。自分の中にある小さな違和感を発見したら、それがいったい何なのか、じっくり自分の心と向かい合ってみてください。

なにもあわてることはありません。1カ月待てば次の新月はやってきます。違和感を感じるものはそのままにして、それが実現したらきっと跳び上がって喜んでしまいそう！　と心から思えることだけを、紙に記すようにしましょう。

そして最後に、**各新月にはそれぞれの得意分野があります**。願いごとや起こすべき行動の種類によって、数カ月後の新月を待つのもよいでしょう。「そんなに待てない」と思うのなら、まずは次の新月にうまくフィットする言葉を選んで、願いごとや起こすべき行動を書いてみましょう。

各星座ごとの新月の得意分野は、65ページからの項を参考にしてください。

なお、誤解を避けるためにここでもう一度書き記しておきましょう。

●1年に12～13回めぐってくる新月。その中でも**一番強力なパワーがあるのは、やはり自分の誕生星座（牡羊座生まれとか、牡牛座生まれといった誕生星座）の新月**です。

本書を手にしたときに、もう私の誕生星座の新月は過ぎてしまったから関係ないわ……という人もいることでしょう。また、1年に1度しかお願いごとができないのかしら、とあきらめてしまう人もいるかもしれません。

でも、ちょっと待ってください。新月が持っているパワーはそんなに単純なものではないのです。

強力なパワーがあるとはいえ、なにも誕生星座の新月だけが重要というわけではありません。あなたの誕生星座が何座であっても、新月には不思議なパワーがあり、あなたの夢をかなえる手助けをしてくれます。

●さらに、もう一つ。**各新月には確かにそれぞれ得意分野がありますが、それにあまり縛られてしまっては本末転倒**です。

たとえば、一番近い次の新月の時期が牡羊座の新月だとしましょう。牡羊座の新月の得意分野は、自己主張や企画力を身につけること、リーダーシップをとることです。けれども、もし、今のあなたの一番の願いが「穏やかで優しい相手と素敵な結婚をして静かな毎日を送ること」というのであれば、それをお願いしていいのです。

自分の気持ちを見つめて、心の深層にあるもの、「心からかなえたいという夢」を「新月の際に書く」ことがもっとも大切なことなのです。

月の満ち欠けリズムを理解するためにも、**さっそく次の新月から、まずは願いごとを書き始めてください。**

数カ月続けるうちに、月と同調して物事を進める楽しさと、あなたの夢や願いごとが育っていく実感を味わえるはずです。

「願いごと」を書き込む際の注意

●まず巻末の新月早見表で、正確に新月を作る時間をチェックする。
●たとえ同じ日であっても、正確に新月をつくる時間より前には書かないように。
●新月直後、あまり時間がたたないうちに願いごとをシート（この後の各星座の項にそれぞれあります）に書き込む（新月が真夜中過ぎや明け方になる場合は、その日の午前中に書けばよいでしょう）。
●心の雑念を払い、静かな環境を選ぶ。
●自分に備わった潜在能力を信じる。
●パソコンで打ったものではなく、手書きで願いごとをシートに書き込む。
●書き込んだ後に、願いごとが実現するイメージを明確に視覚化してみる。新月以外にも、ときどきこのイメージングを実践するとより効果的。
●イメージングのディテールは、折にふれ調整してもよい。
●視覚化が苦手な人は、雑誌の切り抜きなどを使ってイメージをふくらませ、コラージュを作る。

●他力本願な願いごとは書かない。

●他人を攻撃したり、不幸にするような願いごとはしない。

●あくまで自分を主体として書く。

●いきなり実現するのが難しそうな願いを一つ書くより、段階を踏んで何回かに分けて書いてみる。

●無意識の中にある否定的な考えや感情に気づいたら、次の新月でそれを打ち消すような願いごとを書く。

●新月が起こる各星座の、得意分野に沿った願いごとを書くとより効果的。

夢実現のために必要な満月のパワー

月は約1カ月かけて新月から満月へと満ちていき、満月を迎えるとふたたび欠けて、新月へと戻ります。前にも述べたように、植物の成長にたとえると、新月は「種」に、そして満月は「開花」に相当します。第1章で説明した月の8つの位相は、種（新月）が芽吹き（三日月）、葉が育ち（上弦の月）、つぼみをつけ（豊穣の月）、花を咲かせ（満月）、実がなり種がはぜ（種まき月）、収穫を迎え（下弦の月）、やがては朽ちて土に返り（鎮静の月）、次の種（新月）に栄養を与えるという、生命のサイクルを見事に象徴していました。

このように植物の生命のサイクルと、夢が育っていく過程は一致しており、その最小単位は1カ月です。日常的な小さな願いごとなら、1カ月でかなうものもあるでしょう。しかし未来を見据えた壮大な願いごととなると、ほんのひと月で実現させるのはなかなか困難です。

そこで本書では、新月が起こった星座に月が戻ってくる、約半年後の満月に注目しています。たとえば牡羊座の新月は春分の日以降、４月20日頃までに起こります。そしてその半年後（秋分の日以降、10月23日頃までの期間）には、月は確実に満月となって牡羊座に戻ってくるのです。

たいていの願いごとは、半年もすればなんらかの展望が見えてきます。**まったく何の進歩もないというのは、願いごとそのものに何か問題があるか、あなた自身に、自分の運命を信じる力が足りないことが原因**です。

新月に願いごとを書いたものの、その後半年が過ぎて、現実およびあなた自身にひとつも変化がない、という場合は、願いごとの書き方そのものに問題があるかもしれません。いま一度、自分の中に否定的な考えがひそんでいないか、自問自答してみましょう。

新月が意識（太陽）と無意識（月）とが出合うポイントだとすると、満月は太陽と月がオポジション（１８０度）に位置することから、意識と無意識との間に相反する動きが出てくることを表します。満月は物事を成就させる力がある一方、心の中に迷いを生じさせ、それが願いごとの実現を阻止する力となる場合があるのです。

大昔から満月は人の心を魅了し、惑わせる力があります。気分が高揚し、社交的に過ごしたくなります。普段よりも、物事に過剰に反応してしまったり、喜怒哀楽が激しくなったりします。願いごとを書いた新月時には一枚岩だった自分の心に、不安や焦り、虚栄心や意志の弱さから来るさまざまな雑念なども生じて、信念がぐらつく時期となります。

また新月の願いがうまくいきかけている場合も、有頂天になって周りへの配慮を忘れ、誤った方向へと突き進む可能性もあるのです。だからこそ、**満月時に半年前を振り返り、初心に帰って、願いごとを再確認したり、微調整を行ったりする必要があるのです。**

光り輝く満月は、あなたの心の深層を明るく照らす役割を果たします。

人をうらやんだり妬んだりする気持ちや、自己不信の感覚にとらわれたら、次の新月で、それを払拭《ふっしょく》する願いごとを書いてください。また性格の中のネガティブな面についても同様です。

願いごとの書き方だけではなく、**夢のディテールを再度、イメージし直すこと**もおすすめします。心のスクリーンにできるだけ詳しいディテールを描いてみましょう。前よりもっとフィットするディテールを思いついたら、心のスクリーンの中の映像を変えてみます。コラージュを行ってみた人は、コラージュに貼り付ける写真を増やしたり、再度見直してピンとこない絵柄は取り替えたりしてもよいでしょう。

誤解を避けるために、ここでもう一度書き記しておきましょう。

満月は願いごとの再確認をしたり、微調整を行ったりする時期です。

牡羊座の新月に願ったことは、半年後の牡羊座の満月で検証をすることになりますが、この6カ月間だけを重視してほしいということではありません。

短期間でかなう願いごとは、43ページにある8つの位相のサイクルに沿って約1カ月をめどに実現を目指しましょう。また、半年や1年をかける願いごとでも、つねに1カ月のサイクルに沿って、迷うことなく突き進む時期、周囲に心配りが必要な時期、さらに前進する時期などを見極めながら進めてみると、**心と体と願望実現のタイミングがうまく合ってきます。**

また、満月はパーティーやイベントなどを開いて、社交的に過ごすのにも適しています。あなたの夢の実現に手を貸してくれそうな人に連絡をして、熱い想いを語ることもおすすめです。共通の目的を持つ仲間を探すのにもよい時期です。**人と積極的に会い、ポジティブなパワーをもらってください。**

満月とは、太陽と月が180度に位置する状態です。あなたの中に願いごとを実現させようとする力と、それを阻止するような力が働いているのに気づいたら、自分の心を夢の方向にフォーカスするように心がけてください。そうすることで、いずれは妨害するような力の存在も気にならなくなります。それができるようになれば、**夢のほうからあなたへと近づいてきてくれる**はずです。

牡羊座の新月の時期

3月21日頃～4月20日頃

願いをかなえる
牡羊座の新月パワー

牡羊座の新月の特徴

- 子どものような無邪気さ
- 自分に正直
- 開拓者精神（パイオニアスピリット）
- 勇気と冒険心
- サバイバル能力
- 自分を信じる力
- エネルギッシュ
- 常にナンバー1を目指す
- リーダーシップ
- 行動がスピーディー
- 精力的
- あふれる情熱
- 正当に戦って勝つ
- 自己主張
- 企画力
- 直観力
- 自由を愛する
- 後悔しない
- 限界を超えようとする

物事を始めるための強いエネルギーがみなぎる

占星術では、春分を新しい年の始まりと定めています。春分は毎年3月21日頃ですが、長かった冬がようやく終わり、冬枯れの植物にも小さな芽が出始め、春の訪れを肌で実感できる季節です。

牡羊座の新月は、たいていこの春分の日以降、4月20日頃までに起こります。牡羊座は占星術上トップの星座なので、**牡羊座の新月にはどの新月よりも物事を始める力があります。**

この日には物事を新鮮な目で見る力が授かります。人にも自分に対しても正直になれます。あなたの中に眠る、子どものように純粋で率直な面を自覚すること。そして自分の心の欲求に対して、欲しいものは「欲しい！」と素直に表現できるようになりたいものです。

また牡羊座の新月は、あなたに**「今」を生きることの大切**さを教えてくれます。「いつかやりたい」ではなく、心に何か浮かんだら、それをすぐに実行する行動力も授けてくれます。

仕事や恋愛シーンで、私たちは怖気《おじけ》づいてしまうことがままあります。「もし失敗したら」「相手に拒絶されたら」と考えると、二の足を踏むことも。そんなときこそ、牡羊座の新月パワーはとても有効。**自分よりも大きなものにぶつかっていく勇気、ライバルと正当に戦って勝つ勝負強さ**も、牡羊座の新月に備わったものです。ある恋の歌の中に「レースに参加しなければ、勝ち負けもない」という歌詞がありましたが、牡羊座の新月のもとで、あなたは人生の成功者となる喜びを身につけるはずです。

子どもの頃のトラウマや両親との関係性、または失恋の痛手などから、自分が取るに足りない存在だと思い込んでいる人もいるでしょう。そんなあなたが身につけたいのは、自分を信じる心や自己肯定感です。そこから独立心や強い意志力なども生まれます。牡羊座の新月は、一人でもちゃんと生き残ろうとするサバイバル能力とも関係があります。結果、**だれに反対されたとしても自分一人ででも物事を実行する勇気や自立心**も、牡羊座の新月に備わった力です。

この日は、人生に後悔しないための第一歩を踏み出せる日になるはずです。

牡羊座の新月のアファメーション&実践プラン

ここでは牡羊座に新月があるときにするアファメーションの例と、この日に行うと他の星座の新月のときよりもスムーズにことが運ぶ実践プランを具体的にあげていきます。

人間関係

●アファメーション

自分が正しいと思ったことを貫ける私でありたい

思い込みにとらわれず、人を見る目が欲しい

人に嫌われることを恐れない自分になりたい

●実践プラン

以前から親しくなりたいと思っていた人に、自分から話しかける

いいにくくて告げられずにきたことを率直に相手に伝える

仕事

●アファメーション

自分の得意とする分野でナンバー1になりたい

いまだだれもやっていないことで成功を収めたい

逆境にめげない、戦うエネルギーを授けてください

●実践プラン

情熱の持てる仕事に就くための活動を開始する

職場でリーダーシップがとれる私を目指す

ここでは牡羊座に新月があるときにするアファメーションの例と、この日に行うと他の星座の新月のときよりもスムーズにことが運ぶ実践プランを具体的にあげていきます。

生活

●アファメーション

自分が本当にやりたいことを教えてください

現状に満足せず、常にチャレンジする私でありたい

●実践プラン

頭で考えていたけれど実行していないことを、現実に始める

理想の暮らしについて思いをめぐらせ、引っ越しについて考え始める

家事をためずにすぐやる習慣を身につける

恋愛

●アファメーション

恋をしても自分を失わない私でありたい

私の情熱のすべてを賭けて、愛せる男性を与えてください

ライバルがいても腰が引けない自分になりたい

●実践プラン

好きな人に「好き」と素直にいう

どんなに好きな相手でも、イヤなことは「イヤ」とハッキリ断る

ここでは牡羊座に新月があるときにするアファメーションの例と、この日に行うと他の星座の新月のときよりもスムーズにことが運ぶ実践プランを具体的にあげていきます。

健康

●アファメーション

私にふさわしい美と健康を授けてください

気になっている症状を解消してくれるお医者さんと出会わせてください

●実践プラン

やってみたいスポーツを探す（今日から始めるのもＯＫ）

スカルプケアを始めて、つややかな髪を手に入れる

競技会に参加すべく、トレーニングの第一歩を踏み出す

趣味・学問・娯楽

●アファメーション

心から打ち込める趣味・勉強と巡り合いたい

やりたいと思ったら、すぐ行動に移せる私になりたい

●実践プラン

二の足を踏んできたことに、思い切ってチャレンジする

○○になるため、専門学校の資料を取り寄せる

レジャーの企画を考えて、みんな（友達・同僚など）を誘う

牡羊座の新月の願い

新月の日：　　　　年　　月　　日　　　時　　分

記 入 日：　　　　年　　月　　日

半年後の同じ星座の満月の日に、書き込んだ願いごとの経過を検証して、必要なら軌道修正しましょう。

牡羊座の満月の日：　　　　年　　月　　日

牡羊座の満月の時期

☽9月24日頃～10月23日頃

願いをかなえるために使いたい
牡羊座の満月パワー

新月にした願いごとはかないましたか？
かなった方もいるでしょう。
もしもそうでないならば、
ここでは満月のパワーを使って
軌道修正を行います。

牡羊座の満月の提案

- ○自己中心的な考えを改める
- ○周りの人々の感情に配慮する
- ○怒りのエネルギーを建設的な方向に使う
- ○社交的なスキルを磨く
- ○礼儀をわきまえる
- ○皮肉っぽい態度を改める
- ○団体行動のすばらしさを知る

牡羊座の満月時に気をつけるべきこと

牡羊座の満月は、たいてい秋分の日以降、10月23日頃までに起こります。約半年前の牡羊座の新月に始めたプロジェクトに、なんらかの結果がもたらされる時期です。満月には物事を成就させる力があります。牡羊座の新月に願いをかけたことが、軌道に乗り始めたのを実感する人もいるはずです。プランがよい方向で進んでいれば、引き続き前進してください。

満月には、よくも悪くも物事をはっきりさせる力があります。牡羊座の新月に始めたプランが、いま一つ思うような結果をもたらしていない場合は、ここで軌道修正やバランス調整をする絶好の機会となります。

牡羊座の新月には、どの新月よりも物事を始める力がありました。新しい企画に胸を膨らませ、自分の心の欲求に素直にしたがい、情熱的に物事を推し進める力を授かりました。

しかし**あまりに性急に目的を達しようとして、自己中心的になりすぎていなかった**

か。また目標に夢中になるあまり、周りの人々の感情を無視してこなかったか。

満月の期間は、この半年を振り返り、「牡羊座の新月の願い」が成就するために必要な微調整を行うとよいのです。

牡羊座の満月のときは、普段よりも怒りっぽくなったり、何事も調子に乗りすぎたりする傾向があります。その結果、怒りにまかせてせっかく順調に進んでいた計画をぶち壊してしまったり、人に皮肉っぽい態度を取り、敵に回してしまう危険性もあるのです。いつにも増して、対人関係で礼儀をわきまえる必要があるでしょう。牡羊座の満月特有の率直さが、ともすれば粗野な印象を人に与えるので、**人と接するときにはにこやかな笑顔や上品な振る舞いを心がけたい**ものです。

このように社交的なスキルを磨き、怒りのエネルギーを建設的な方向に向けることを心がければ、「牡羊座の新月の願い」が成就されやすくなるのです。

確かに牡羊座の新月は、あなたに独立心や強い意志を授けましたが、人は一人では生きていけない生きものです。この満月は、**独立心を保ちつつ、チームワークの中でも自分を活かすことにチャレンジせよ**とあなたを促します。牡羊座の満月は、あなたが成長するための試練を授け、夢をかなえる手助けをしてくれるでしょう。

牡牛座の新月の時期

4月21日頃～5月21日頃

願いをかなえる
牡牛座の新月パワー

牡牛座の新月の特徴

- 安定的
- しっかりとした価値観
- 粘り強い
- 忍耐力
- 意志が強い
- 信念を持つ
- モットーを大切にする
- 平和主義
- 信頼性
- 審美眼
- 物質的な豊かさを追求する力
- 金銭感覚が発達
- ゆったりと穏やか
- 五感が発達している
- 快適さの追求
- 官能性
- 安楽な生活を営む才能
- 不動の態度

物質的豊かさをもたらす牡牛座の新月

牡牛座の季節は、4月21日頃に始まります。寒さもひと段落し体がゆっくりとほぐれていく季節です。それと同時に、自分をはぐくむものや大地に深く根を下ろす方法を探りたくなります。

牡牛座の新月は4月21日以降、5月21日頃までに起こります。この新月には、**物事を継続する力**があります。穏やかな忍耐力が授かるので、仕事であれ人間関係であれ、「努力して続けたい」と思っていることに思いをめぐらせてみましょう。あなたの中に眠る意志の強さを自覚してください。そして物事を成し遂げる途中で出合うさまざまな困難に対し、不動の態度を貫けるようになりたいものです。

またこの日には、自分をより安定した状況に置きたいという本能的な欲求が生まれます。お金や、自分を落ち着かせてくれる空間が必要だと感じるはずです。そこから**物質的な豊かさを追求する力**が授かります。牡牛座の新月はあなたが将来、豊かな生活を営むには何をすればよいのかも教えてくれます。

現代社会はストレスに満ちています。牡牛座の新月のすばらしさは、**緊張に満ちた心と体を癒す力**があること。人間に本来備わっている五感の鋭さを呼び覚まし、何があなたにとって心地よく快適か、に気づくよい機会となります。人生を豊かに楽しむ術や官能的な喜びも与えてくれます。また、何が美しく何が醜いかを見分ける能力＝審美眼も牡牛座の新月の得意分野です。

恋愛やビジネスシーンにおいても、自分の内側にしっかりとした価値観を築ければ、周りに振り回されずにすみます。牡牛座の新月パワーは、恋愛や仕事で「これだけはゆずれない」というものを気づかせてくれる力があるのです。ぐらつきがちな心を鎮め、静かに穏やかに目的にフォーカスできるように導いてくれます。

また人づきあいで信用を築くうえでも、牡牛座の新月パワーは有効です。よい関係を長続きさせて、時間とともにあなたの存在価値が増していくように、この新月に願いましょう。

この日は、**長期的展望で人生を見据える視点を持つようにしてください。**また、心からリラックスすることの重要さを知る日になるでしょう。

牡牛座の新月のアファメーション&実践プラン

ここでは牡牛座に新月があるときにするアファメーションの例と、この日に行うと他の星座の新月のときよりもスムーズにことが運ぶ実践プランを具体的にあげていきます。

人間関係

●アファメーション

人から信頼される自分でありたい

人間関係においてどんなことがあろうとも、揺るがない心を持ちたい

私といることで、人がくつろげる自分になりたい

●実践プラン

もっと親しくなりたい人を家に招いて食事を共にする

相手がしてほしいと思っていることをピンポイントで察して、してあげる

仕事

●アファメーション

トラブルにあってもパニックにならない私でありたい

自分が信じた仕事に対して、粘り強く取り組める自分を手に入れたい

私にとって快適な職場が見つかりますように

●実践プラン

今の仕事は評価と収入が見合っているか、検討してみる

職場のみんなに「あの人の笑顔を見ると落ち着く」といわれる人間を目指す

ここでは牡牛座に新月があるときにするアファメーションの例と、この日に行うと他の星座の新月のときよりもスムーズにことが運ぶ実践プランを具体的にあげていきます。

人生・生活

●アファメーション

たゆまぬ努力が黙々とできる私でありたい

本当に美しいものを見分けられる審美眼を持ちたい

衣・食・住が満たされた人生を送れますように

●実践プラン

どんな場面でも通用する自分なりの価値観を確立する

金融機関に新しい口座を作り、貯蓄をスタートさせる

恋愛

●アファメーション

安定した継続的関係を築ける私になりたい

リラックスしてセックスが楽しめる相手と巡り会わせてください

お金のことで苦労しない結婚ができますように

●実践プラン

好きな人にちょっとした贈り物をする

好きな人にスキンシップをはかる

ここでは牡牛座に新月があるときにするアファメーションの例と、この日に行うと他の星座の新月のときよりもスムーズにことが運ぶ実践プランを具体的にあげていきます。

健康

●アファメーション

体の変調に敏感な私でありたい

ストレスや悩みが消えてなくなりますように

自分に合ったマッサージ師・エステティシャンと出会いたい

●実践プラン

毎朝、必ずフルーツを食べる習慣を持つ

食事の栄養バランスを意識して健康的な生活をする

趣味・学問・娯楽

●アファメーション

将来、収入につながるような趣味を見つけられますように

私にピッタリの美容法を教えてください

●実践プラン

五感（視・聴・嗅・味・触）が鋭敏になるような趣味を始める

くつろいで過ごせる行きつけのお店を探す

1週間に一度、何もしない時間をつくる

牡牛座の新月の願い

新月の日：　　　　年　　月　　日　　時　　分

記 入 日：　　　　年　　月　　日

半年後の同じ星座の満月の日に、書き込んだ願いごとの経過を検証して、必要なら軌道修正しましょう。

牡牛座の満月の日：　　　　年　　月　　日

牡牛座の満月の時期

10月24日頃〜11月22日頃

願いをかなえるために使いたい
牡牛座の満月パワー

新月にした願いごとはかないましたか？
かなった方もいるでしょう。
もしもそうでないならば、
ここでは満月のパワーを使って
軌道修正を行います。

牡牛座の満月の提案

○変化する勇気を持つ
○怠惰で不精な面を改める
○所有欲から解放される
○強情さを改める
○価値観の多様性を認める
○愛着のある物や人にしがみつかない
○周りの人々の利益もちゃんと考える

牡牛座の満月時に気をつけるべきこと

牡牛座の満月は晩秋に近づいた10月24日以降、11月22日頃までに形成されます。牡牛座の新月からほぼ半年の年月を経て、新月に始めたプロジェクトにもそれなりの結果がもたらされます。月が徐々に満ちるように、新月で始まった方向性は、頂点に達します。牡牛座の新月にかけた願いが、軌道に乗り始めたのを実感する人もいるでしょう。計画がうまく進んでいる場合は、迷わず前に進んでください。

「牡牛座の新月の願い」がちっともかなえられないと感じる場合は、自分の心に「それが本当に必要なのか」と問いただすと同時に、**その後の流れで何が物事の成功を妨げているのかを考える必要があります。**満月には物事の本質や問題点を明るみにさらす力があるのです。

牡牛座の新月には、どの新月よりも物事を継続させる力がありました。物事を成し遂げようとする強い意志の力が働き、目標に向かって努力もしてきたはずです。

しかし**自分のやり方に固執するあまり、ある種の停滞に陥っているのに気づかない**

ということはないか。もしくは方向転換の必要性を感じながら、ついつい怠け心から現状維持に甘んじてこなかったか。

　牡牛座で満月が起こる日は、この半年を振り返り、「牡牛座の新月の願い」が成就するために、バランスを取ったり、再検討をしたりするとよいでしょう。

　牡牛座の満月のときは、普段よりも強欲になり、お金や自分の所有物にこだわります。物だけではなく、恋人やパートナーを独占したいという気持ちも強まります。その結果、自分の欲望に振り回され、自分自身を抑圧することになりかねません。この期間は、**あなたが執着するものからいかに解放されるか**がテーマになります。また、牡牛座の満月特有の頑なさが、自分と異なる価値観を持つ人々を排斥する傾向も。**価値観の違う人々の意見にも耳を傾ける柔軟性**こそ、この期間に必要なことだと心に留めておきましょう。

　確かに牡牛座の新月は、物質的な豊かさを追求する力を授けてくれましたが、それをまっとうするには周りの協力が必要です。この満月は**自分の利益のみならず、周りの人々もその恩恵にあずかれるようにするにはどうすればよいのか**、あなたに問いかけます。

牡牛座の満月が与える試練をしっかりと受け止めて、もう一度夢に向かって前進してみましょう。

双子座の新月の時期

5月22日頃〜6月21日頃

願いをかなえる
双子座の新月パワー

双子座の新月の特徴

- 旺盛な好奇心
- 情報収集&情報処理能力
- 機敏な反応（リアクション）
- 適応性や順応性に富む
- 当意即妙の才
- 広範な知識
- 表現力（多弁・文章力）
- マルチな才能
- 知的でクール
- 物事を面白がる才能
- 物事を相対化する力
- 若々しい頭脳
- コミュニケーション能力
- 少年っぽさ、少女っぽさ
- サービス精神が旺盛
- 世渡り上手
- 軽いフットワーク
- ノリのよさ
- 風のように気まま

類まれなるコミュニケーション力をはぐくむ双子座の新月

双子座の季節は、5月22日頃に始まります。風薫るさわやかな季節となり、外界で起こっている出来事に好奇心が刺激されます。新しい情報を吸収し、頭の中の引き出しを増やす努力をしてみましょう。

双子座の新月は5月22日以降、6月21日頃までに起こります。この新月には**情報収集力**や、**コミュニケーション能力を高める力**があります。**自分の中にある「知りたい」という欲求に素直に従ってみてください。**子どもの頃は、見るものすべてが新鮮で心がワクワクと躍ったものです。この新月には、そんな〝子ども時代特有の好奇心〟を呼び覚ます力があるのです。

この日には双子座特有の変化とスピードがもたらされるので、停滞した状況に風穴を開ける力もあります。頭に浮かんだことを即、実行する反応の速さ、そして行動力は、この新月の賜物です。**「今の自分を変えたい」「この状況から脱出したい」と思う人**は、双子座の新月の力を借りて、**〝とりあえず〟何かを始めてみましょう。**

また、双子座の新月には、論理性や事実を見分ける判断力があります。あなたの身の回りで起こる出来事には、自分の感情やいろんな人の思惑が絡まり、本質が見えにくくなっています。この新月が持つクリアな知性が、複雑な物事に一瞬の光を当て、事実を事実としてとらえられるようになるはずです。

人間関係においては、双子座の新月のすばらしさは、**ウィットに富んだ会話術や表現力を授けてくれる**ことです。仕事や恋愛シーンでも、どう反応すれば相手が興味を示すか、「相手に興味を持ってもらいたい」と願うときに、この新月は力を発揮してくれます。ユーモアのセンスやサービス精神、物事を面白がるセンスなども、双子座の新月のもとで培われます。さらには世の中の動向や流行を探ったり、他人の考えていることを理解しようとするときにも有効です。

この日は、**新鮮な気持ちで日常を見つめる目を持ちたい**ものです。また、人とコミュニケーションすることの喜びや楽しさを知る日になるでしょう。

ここでは双子座に新月があるときにするアファメーションの例と、この日に行うと他の星座の新月のときよりもスムーズにことが運ぶ実践プランを具体的にあげていきます。

人間関係

●アファメーション

私のコミュニケーションスキルがもっと高まりますように

適度な距離感で人とつきあっていける能力を授けてください

ウィットに富んだ楽しい会話ができる私になりたい

●実践プラン

わからないこと・知らないことをそのままにせず、人に聞く習慣を身につける

仲良くなりたい人に自分からコンタクトを取る

仕事

●アファメーション

仕事に必要な情報が、私のもとに集まってきますように

打てば響く対応ができる自分でありたい

●実践プラン

今まで使ったことがないパソコンのソフトにトライしてみる

作業のスピードアップを心がける

ここでは双子座に新月があるときにするアファメーションの例と、この日に行うと他の星座の新月のときよりもスムーズにことが運ぶ実践プランを具体的にあげていきます。

人生・生活

●アファメーション

社交的な人間でありたい

あらゆることに好奇心が持てるようにしてください

つまらないことを深刻にとらえず、軽快に生きる自分になりたい

●実践プラン

流行のものを取り入れる

SNS（ソーシャルネットワーキングサービス）やツイッターを始める

恋愛

●アファメーション

恋を楽しみつつも、どっぷり溺れない自分でありたい

好きな人が振り向いてくれる、絶妙なアプローチ法を思いつきますように

1度のデートで1回は、相手をめちゃくちゃ面白がらせる私になりたい

●実践プラン

好きな人に自分から明るく挨拶をする

好きな人の友達と仲良くなれるような行動をとる

ここでは双子座に新月があるときにするアファメーションの例と、この日に行うと他の星座の新月のときよりもスムーズにことが運ぶ実践プランを具体的にあげていきます。

健康

●アファメーション

いつまでも若々しい私でいられますように

気分転換が上手にできるようになりたい

体が軽くなったと実感できるサプリメントや代替療法に出合わせてください

●実践プラン

体調管理のために基礎体温をつけ始める

話題の健康法にトライしてみる

趣味・学問・娯楽

●アファメーション

学ぶことが好きになりたい

素早く吸収できる学習能力を授けてください

ゆくゆくは副業にできる趣味・学問が見つかりますように

●実践プラン

趣味のサークルに入る

自分が行きたいと思っているレジャーに人を誘う

双子座の新月の願い

新月の日：　　　　　年　　月　　日　　　時　　分
記 入 日：　　　　　年　　月　　日

半年後の同じ星座の満月の日に、書き込んだ願いごとの経過を検証して、必要なら軌道修正しましょう。
双子座の満月の日：　　　　　年　　月　　日

双子座の満月の時期

11月23日頃〜12月21日頃

願いをかなえるために使いたい
双子座の満月パワー

新月にした願いごとはかないましたか？
かなった方もいるでしょう。
もしもそうでないならば、
ここでは満月のパワーを使って
軌道修正を行います。

双子座の満月の提案

○一貫性のなさを改める
○おしゃべりを慎む
○すぐに反応せずに熟考する
○言葉の背後に潜むものに敏感になる
○優柔不断な態度を改める
○社交辞令ではなく本心を語る
○モラルを重んじる
○単なる知識を生きた知恵に変える

双子座の満月時に気をつけるべきこと

師走が近づく11月23日以降、12月21日頃までに双子座の満月は起こります。双子座の新月に始めたプロジェクトから、ちょうど半年が過ぎました。満月には物事を結実させる力があります。双子座の新月時に心に誓ったことが、軌道に乗ってきたのを実感する人もいるでしょう。新月の願いがかなう方向に進んでいる場合は、迷わずに前進してください。

満月のときはエネルギーレベルが高まり、厄介なことも起こりやすくなります。なぜなら満月は物事が成就する時期であり、よくも悪くも結果がはっきりと表れる時期だからです。双子座の新月に始めたプランがあまりうまくいっていない場合は、満月時に再検討や微調整を行うとよいでしょう。

双子座の新月には、どの新月よりも情報収集力があり、知的な好奇心を呼び覚ます力がありました。「知りたい！」という欲求に従い、何かを学習・吸収するためにアクションを起こしたはずです。

しかし**好奇心のおもむくままに動いた結果、どれもこれもが中途半端な状況に陥っていないでしょうか。また何よりも「面白さ」を追求した結果、人の気持ちを無視したり、ややモラルに反することもよしとしてこなかったか。**

双子座の満月時には、この半年を振り返り、真に夢をかなえるための微調整をする必要があります。

双子座の満月のときは、いつにも増して頭が冴え、なんでも早くやりこなそうと焦りが生じます。その結果、態度に一貫性がなくなり、一度決めたことをひっくり返したりしがちです。対人面でも余計なひと言を口走ったり、そうかと思えば社交辞令に終始して、心から人と信頼し合うことが難しくなります。**気持ちがはやるときは深呼吸を心がけ、すぐに答えを出さないようにする**のも得策です。また、**物事の表層ではなく、背後にひそむ真実に目を向けるようにすれば、もっと深い部分で人と通じ合えるようにもなります。**

確かに双子座の新月は、知的好奇心を呼び覚まし、何かを学ぶ喜びを与えてくれましたが、せっかくの知識も使わなければ宝の持ち腐れです。

この満月は、**この半年であなたが身につけた知識を実生活に役立てる方法を模索せ**

よと促しています。

集めた知識に命を吹き込み、生きた知恵へと昇華させることこそ、双子座の満月があなたに与えたミッションです。

蟹座の新月の時期

☽6月22日頃〜7月22日頃

願いをかなえる
蟹座の新月パワー

蟹座の新月の特徴

- 想像力（イマジネーション）が豊か
- 共感能力（人の気持ちに寄り添う力）
- ロマンティスト
- 受容的
- 母性本能
- 帰巣本能
- 人との絆を大切にする
- 育成能力
- 自己防衛本能が発達
- 経済観念に優れる
- 記憶力&暗記力
- 模倣性に優れる
- 旺盛な生活力
- 経済観念
- 優れたホームメイカー
- 安全性を重視
- 無条件の愛
- 過去への愛着心（伝統回帰の心）を持つ
- 物語を作る才能

愛する者との人間関係を築く蟹座の新月

占星術では、夏至《げし》を蟹座の始まりと定めています。夏至は毎年6月22日頃になります。1年で一番太陽が高く昇る時期ですが、日本では梅雨時に当たり、空気に湿気が混じってきます。と同時にウェットな気持ちに支配され、物思いにふける日も多くなるでしょう。

蟹座の新月は、たいてい夏至の日以降、梅雨明けが待ち遠しい7月22日頃までに起こります。この日は、理性よりも感情が主導権を握ります。そもそも蟹座の支配星は月なので、月本来の機能を発揮しやすいのでしょう。**感受性がいつも以上に敏感になり、周りの雰囲気に影響を受けやすくなります。**デリケートな心を安心させ「ここにいれば安心できる」という場所を求める気持ちも強くなります。

蟹座の新月には、**生活全般を見直し、あなたにとって居心地のよい家や人間関係を築く力**があります。家計にも目を向けさせ、「経済が安定していないと不安に駆られる」という悩みを取り除く手助けをしてくれます。精神的な安定が得られてこそ、好きなことや将来の目標に邁進《まいしん》できるようになるからです。

またこの日は、自分をはぐくんでくれた家族や親しい友人・恋人などへの愛着が強まります。蟹座の新月のすばらしさは、愛する者を守り育てる力や、彼らに対する無条件の愛を発揮する力があることです。さらには「だれかに守られたい、保護されたい」という気持ちも強まります。そんな心の声に従い、**愛する人に自分の身をゆだね、素直に甘える勇気を持ちましょう。**

仕事をともにする人々と、まるで家族のように結束を固めるよい機会となります。仕事仲間のためにひと肌脱ぐ義侠心を発揮できるのも、蟹座の新月の賜物です。人の気持ちにも敏感になれる日なので、**相手が何を望んでいるのかを察知して、その人の感情に寄り添い、より親密になれるよう動いてみましょう。**

また蟹座は記憶に関わる星座といわれます。過去への愛着は、古きよきものへの興味と関心を呼び覚まします。蟹座の新月は、**伝統的なものを学び、それを模倣することでやがては自分のものとする能力**をも授けてくれるでしょう。

蟹座の新月のもとでは、だれもが想像力を発揮してストーリーテラーになれます。あなた独自の物語を創り上げる最良の日となるはずです。

ここでは蟹座に新月があるときにするアファメーションの例と、この日に行うと他の星座の新月のときよりもスムーズにことが運ぶ実践プランを具体的にあげていきます。

人間関係

●アファメーション

だれかが困っていたら、迷わず手を差し伸べられる私でありたい

どんなときも私の味方になってくれる友達が欲しい

いつも人の気持ちに敏感でいられますように

●実践プラン

自分にとって大切な人に思いきりやさしくする

ご無沙汰してしまった友達に連絡を入れ、交流を再開する

仕事

●アファメーション

同僚の仕事を快く手伝ってあげられる私になりたい

部下を成長させる育成能力を与えてください

安定した会社に勤められますように

●実践プラン

上司の苦労を思いやり、ねぎらいの言葉をかける

仕事仲間を誘って飲みに行く

ここでは蟹座に新月があるときにするアファメーションの例と、この日に行うと他の星座の新月のときよりもスムーズにことが運ぶ実践プランを具体的にあげていきます。

人生・生活

●アファメーション

安心して過ごせる自分の居場所が見つかりますように

母親といい関係を築きたい

●実践プラン

憧れの人物に近づけるよう、ライフスタイルを真似してみる

過去にあったうれしい出来事を思い出し、ほのぼのした気持ちを味わう

植物を買ってきて、枯らさずに育て続ける

恋愛

●アファメーション

無条件の愛を私に捧げてくれる異性と出会わせてください

好きな人と、もっと親密な仲になれますように

結婚して、あたたかい家庭を築きたい

●実践プラン

好きな人の願望をひそかに察し、何もいわずにかなえてあげる

恋人の悩みやグチに黙って耳を傾ける

ここでは蟹座に新月があるときにするアファメーションの例と、この日に行うと他の星座の新月のときよりもスムーズにことが運ぶ実践プランを具体的にあげていきます。

健康

●アファメーション

これがあれば気持ちが落ち着くという、心のお守りを与えてください

元気で健康な子どもを授かりますように

●実践プラン

何でも相談できるホームドクターを探す

自分と家族が、すこやかに暮らせるよう祈る

代謝アップのために、シャワーだけですまさず、習慣としてバスタブにつかる

趣味・学問・娯楽

●アファメーション

日々の生活に役立つ計算力・暗記力を身につけたい

おこづかいや家計の足しになる趣味が見つかりますように

●実践プラン

料理教室に通い始める

イマジネーションを養成すべく、小説を書き始める

家族旅行を計画する

蟹座の新月の願い

新月の日：　　　　　年　　月　　日　　　時　　分

記 入 日：　　　　　年　　月　　日

半年後の同じ星座の満月の日に、書き込んだ願いごとの経過を検証して、必要なら軌道修正しましょう。

蟹座の満月の日：　　　　年　　月　　日

蟹座の満月の時期

12月22日頃〜1月20日頃

願いをかなえるために使いたい
蟹座の満月パワー

新月にした願いごとはかないましたか？
かなった方もいるでしょう。
もしもそうでないならば、
ここでは満月のパワーを使って
軌道修正を行います。

蟹座の満月の提案

○仕事にプロ意識を持つ
○心配性や自信のなさを払拭する
○対人面での好き嫌いを改める
○感情や気分に
振り回されないようにする
○身内意識の強さを改める
○家族のしがらみから自分を解放する
○社会的な失敗を恐れず、
正当な野心を持つ

蟹座の満月時に気をつけるべきこと

蟹座で満月が起こるのは、たいてい冬至《とうじ》の日以降、翌年の1月20日頃までの期間です。月が満ち、欠けていく自然のサイクルをいくつか経て、蟹座の新月から約半年が過ぎました。この満月には、蟹座の新月に願ったことに対する答えが暗示されています。

満月には物事を成就させる力があります。蟹座の新月時に始めたプロジェクトが軌道に乗っているのを、実感できる人もいるでしょう。新月の願いがよい方向に進んでいれば、そのまま前進してください。いまひとつよい結果が得られない場合は、プランを再検討するか、軌道修正を行うよい機会です。

蟹座の新月には、どの新月よりも家族や家庭といったドメスティックな願いごとをかなえる力がありました。仕事においても仲間のために尽力する力を授かりました。

しかし**家族や家庭というプライベートな領域に関心事が集中し、真の社会性を育てこなかったのではないか。身内意識の強さが〝えこひいき〟につながり、仕事において冷静な判断を欠いたり、責任を果たすことができなくはなかったか。**

蟹座の満月は、あなたの夢をかなえる過程で生じる問題点を白日の下にさらす力があるのです。

また、蟹座の満月のときは、いつも以上に感情的になり、人の好き嫌いが強くなります。さらにちょっとしたことで傷つきやすくなり、自尊心が持てずに自分の殻に閉じこもってしまう傾向もあります。恋愛や親しい人間関係の中に、子どもの頃からの親子関係が投影され、「相手から拒絶されるのでは」と不安を募らせたりしがちです。

このように根拠のない不安や自尊心のなさを払拭するには、まず**ありのままの自分を愛せるようになること**でしょう。蟹座の月がもたらす想像力の豊かさを、〝失敗を恐れる〟ネガティブな方向ではなく、〝成功を信じる〟ポジティブな方向に働かせることで、「蟹座の新月の願い」は成就しやすくなります。

確かに蟹座の新月は、あなたに愛する者を守り育てる力や類まれな想像力を授けてくれました。しかしこの満月は、それを**個人レベルではなく、もっと社会的なレベルで使うように促しています。**蟹座の満月時には、あなたが社会の荒波へと漕ぎ出していく過程で出合うさまざまな試練が待ち受けます。しかと受け止めて、あなたの夢に一歩一歩近づいていきましょう。

獅子座の新月の時期

7月23日頃～8月22日頃

願いをかなえる
獅子座の新月パワー

獅子座の新月の特徴

- 陽気
- 単純明快
- 子どものように純真
- 創造的（クリエイティブ）
- 気前がよく豪快
- 強い信念を持つ
- 善意の行動
- ドラマティック
- 勇気があり大胆不敵
- 注目と賛美を求める
- アイデンティティーの確立
- 自分独自の価値観を持つ
- 物事を楽しむ才能
- 演技力&演出力
- エンターテインメント性
- 組織力がある
- 親分肌
- 裏表がない
- 特別扱いされたい欲求

創造力を開花させる獅子座の新月

獅子座の季節は、7月23日頃に始まります。梅雨が明け本格的な夏となり、強烈な太陽が照りつける時期です。そもそも獅子座の守護星である太陽は、すべての活力・エネルギーの源です。真夏の太陽の下で、あなたは、自分自身を表現したいという強烈な衝動に駆られるようになるでしょう。

獅子座の新月は、7月23日以降、8月22日頃までに起こります。この日は、**「人生を謳歌したい！」というドラマティックな気分に支配されます。**人に注目されたい、特別な人として認められたいという心の欲求が高まります。獅子座の新月は、あなたが自分自身のアイデンティティーを確立する手助けをしてくれます。あなたの中に眠る創造性を、強く自覚してください。獅子座の新月の得意分野は、**創造活動、エンターテインメント、ロマンス**などです。**自分の中から湧き上がる、自己表現への欲求を解き放ってみましょう。**それはあなたの中にある、「平凡でつまらない人間だと思われたくない」という恐れを克服する最良の方法となるでしょう。

そもそも恋愛とは、〝だれかひとりの特別な注目の対象〟となることです。この新月はあなたの個性を際立たせ、他の人とは違う才能を見いだす力があります。あらゆる表現活動をする人々に、獅子座の新月は勇気と信念を授けます。しかし人から愛されても、自分が自分を否定していたのでは恋愛は成立しません。獅子座の新月は、自己愛を高める要素もあります。**まず自分が自分を肯定し、ちゃんと愛せるように後押ししてくれる**のも、この新月のすばらしさです。

仕事シーンにおいては、何よりも裏取引を嫌い、公明正大さを尊びます。後ろ暗い陰謀なども白日の下にさらされるでしょう。この日は、**自分よりも大きなものにこびへつらうことなく、直球勝負を挑む力**が授かります。あなたの中の純真さや正義を強く意識して仕事に臨めば、信頼のおける仲間が集まってきます。獅子座の新月の力を借りて、面倒見のよさや組織を構成する力を発揮してください。

どのような状況であれ、遊びや楽しみを見いだすセンスも、獅子座の新月の賜物です。この日は、**人生のあらゆる局面で、生きる喜びを追求する日**となるでしょう。

獅子座の新月のアファメーション&実践プラン

ここでは獅子座に新月があるときにするアファメーションの例と、この日に行うと他の星座の新月のときよりもスムーズにことが運ぶ実践プランを具体的にあげていきます。

人間関係

●アファメーション

人のいうことを素直に受け止められる自分でありたい

楽しくて、笑いが絶えない人間関係を築きたい

すべての人に寛大な私になりたい

●実践プラン

「一日一善」をモットーとし、人に親切にする

相手がどんなに偉い人でも、自分の意見がきちんといえる人間を目指す

仕事

●アファメーション

「あなたでなければダメだ」と頼りにされる分野を持ちたい

部下や後輩に尊敬される自分になりたい

公明正大なジャッジを下せる力を授けてほしい

●実践プラン

同僚や後輩の意見をまとめ、自分が代表して上司に伝える

独立・起業に向けて活動を開始する

ここでは獅子座に新月があるときにするアファメーションの例と、この日に行うと他の星座の新月のときよりもスムーズにことが運ぶ実践プランを具体的にあげていきます。

人生・生活

●アファメーション

人を惹きつける魅力を与えてください

イチかバチかに賭ける勇気を持ちたい

1日にひとつは面白いことを発見できる自分でありたい

●実践プラン

日々の生活を楽しくするためのアイテム・道具を自作してみる

「私には無理」と諦めていたことの実現に向けて、一歩を踏み出す

恋愛

●アファメーション

ありのままの私を愛してくれる人と出会いたい

好きな人にとって、〝オンリーワン〟な自分になりたい

まわりがうらやむようなドラマティックな恋に巡り合えますように

●実践プラン

ずっと新鮮な関係でいられるよう、恋人をドキドキさせることをする

容姿に自信をつけるため、ヘアメイクアーティストにアドバイスを受ける

ここでは獅子座に新月があるときにするアファメーションの例と、この日に行うと他の星座の新月のときよりもスムーズにことが運ぶ実践プランを具体的にあげていきます。

健康

●アファメーション

楽しみながら続けられる健康法を見つけたい

自分にぴったりの運動の先生と出会えますように

●実践プラン

早寝早起きを習慣にする

なりたいプロポーションを頭に思い描き、エクササイズを始める

まめなストレッチで背筋を伸ばす

趣味・学問・娯楽

●アファメーション

独自の世界を生み出す創造性《クリエイティビティ》を与えてください

一生の楽しみとなるような学問・趣味が見つかりますように

●実践プラン

作品が残る趣味をスタートさせる。今まで創った作品を発表する場を設ける

人も自分も一緒に楽しめるイベント、パーティーを企画する

オーディションやコンテストに参加するための第一歩を踏み出す

獅子座の新月の願い

新月の日：　　　　　年　　月　　日　　　時　　分

記 入 日：　　　　　年　　月　　日

半年後の同じ星座の満月の日に、書き込んだ願いごとの経過を検証して、必要なら軌道修正しましょう。

獅子座の満月の日：　　　　年　　月　　日

獅子座の満月の時期

☽1月21日頃～2月18日頃

願いをかなえるために使いたい 獅子座の満月パワー

新月にした願いごとはかないましたか？
かなった方もいるでしょう。
もしもそうでないならば、
ここでは満月のパワーを使って
軌道修正を行います。

獅子座の満月の提案

○人のアドバイスを素直に受け止める
○人を意のままに動かそうとする癖を改める
○物事をゴリ押ししないで、流れに身をまかせる
○エゴを抑えて謙虚になる
○孤独に強くなる
○人からの賞賛を求めない
○俯瞰の視点を持つ

獅子座の満月時に気をつけるべきこと

獅子座の満月は、たいてい1月21日以降、2月18日頃までに起こります。夏の盛りの獅子座の新月に始めたプロジェクトは、約半年の時間を経て、何らかの結果がもたらされます。満月は物事を成就させる力がある一方、潜在していた問題を浮き彫りにするパワーも秘めています。物事のよい面を活性化させると同時に、問題点をも表面化させてしまうのです。

獅子座の新月に願いをかけたことが、順調に進んでいればそのまま前へと進んでください。その道で壁にぶつかったり、プロジェクトの邪魔をする人物などが現れる場合は、反省すべき点を改め軌道修正を加えるのが得策です。

獅子座の新月は、どの新月よりも、あなたが人生で独自のアイデンティティーを確立するための力を与えてくれました。この新月は、創造性を発揮して人から賞賛されたい、人を愛する喜び、そして好きな人から愛される幸せを味わいたいという願いを実現する力がありました。

しかし**自分の欲求を正当化する過程で、周りの人を自分の思い通りに動かそうとしなかったか。また恋愛において、必要以上にドラマティックな展開を求めてこなかったか。**

獅子座で満月が形成される時期は、約半年前の新月の願いがちゃんとかなえられるために、必要な微調整を行うとよいでしょう。

獅子座の満月のときは、いつも以上に気分が高揚し、盛り上がり過ぎたり、わがままをゴリ押ししたりする傾向が出てきます。その結果、自我が肥大して「正しいことをしようとしているのだから、周りはもっと協力するべき」というような考えが芽生えます。人のアドバイスに素直に従えなくなり、味方を失ったり、誤った方向に暴走したりすることもありそうです。いつにも増して、周りの人々が何を望んでいるのか、また自分に対してどんな思いを抱いているのかを知る必要があるのです。この期間は、**自分のわがままを抑えて、謙虚さを学ぶよい機会**です。

確かに獅子座の新月はあなたに、自分を信じるセンスや恋愛や仕事を通じて人生を謳歌する術《すべ》を教えてくれましたが、目標に到達するには周りの人々の協力も必要です。この満月は、**夢をかなえるための情熱をキープしつつ、同時に客観的に事態を把握す**

る

〝俯《ふ》瞰《かん》の視点〟を持てとあなたを促します。

獅子座の満月が与える試練を受け止めて、夢をかなえるための包容力を養ってください。

乙女座の新月の時期

8月23日頃〜9月23日頃

願いをかなえる
乙女座の新月パワー

乙女座の新月の特徴

- 分析力
- 勤勉
- 控えめで慎み深い
- 能率を重視
- 課題をこなす力
- 優れた整理能力
- 職人気質
- 技術を身につける力
- 修理＆修繕能力
- 社会奉仕の精神
- 批判精神
- 調査能力
- 細部（ディテール）への注意力
- 秩序を重んじる
- 健康への関心
- フィットネス＆エクササイズ精神
- 食生活の改善
- グルーミング（身だしなみを整える）への関心
- 時間厳守

有能さと健康を手に入れられる乙女座の新月

乙女座の季節は、夏の日差しに翳《かげ》りが見え始める8月23日頃に始まります。日を追うごとに秋の気配も感じられるようになり、体は無意識に休養を求めます。心身のメンテナンスを行い、秩序立った生活を取り戻す準備を始めましょう。

乙女座の新月は8月23日以降、9月23日頃までに起こります。この新月には、物事がどのように機能しているかをチェックする力があります。現在自分が置かれている状況を改善するには何をすればよいのか、具体的な方法を指し示してくれます。

乙女座の新月の持つ批判精神は、状況のみならず、心身ともに自分自身が改善するべき点をもあぶり出します。**悪い癖や習慣を改めたり、肉体にも関心を向け、ダイエットや適切な美容法を行う第一歩を踏み出させてくれる**のです。〝よりよい自分〟になることが、内なる自信につながることを、乙女座の新月は知っています。乙女座の新月のもとで、**予防医学や正しい食生活への知識を深め、健康で魅力的な肉体を手に入れてください。**

またこの日には、**実務的な作業をこなす力**が授かります。細部への注意力が高まり、能率的に仕事を進めることができます。物事を分析、分類するシステマティックな思考は乙女座・新月の賜物です。また**専門的な技術を身につけたいとき**にも、この新月を利用するとよいでしょう。

恋愛面で乙女座の新月が手助けできることは、好きな人の〝有能な秘書役〟となる知恵を授けてくれること。控えめでありながらも有能さを発揮して、相手の心に入り込む術を、乙女座の新月は知っています。この新月のすばらしさは、見返りを求めず、喜んで相手に尽くす奉仕精神を持っていること。そしてこの能力は恋愛だけではなく、仕事面においても有効です。社会というコミュニティーに喜んで奉仕し、その結果として高い評価を得るという成功のパターンを、乙女座の新月は備えています。

この日は謙虚に、そして冷静に自分自身を見直すよい機会となります。**自分の有能さを引き出し、健康な肉体を手に入れる最良の日**となるでしょう。

ここでは乙女座に新月があるときにするアファメーションの例と、この日に行うと他の星座の新月のときよりもスムーズにことが運ぶ実践プランを具体的にあげていきます。

人間関係

●アファメーション

細やかな気配りができる私でありたい

人の役に立てる自分になりたい

一生、誠実につきあっていける友達と知り合えますように

●実践プラン

待ち合わせには、いつも自分が先に到着している習慣をつける

自分が持っている知識・技術を年下の人に分け与える

仕事

●アファメーション

「これだけはだれにも負けない」というスキルを身につけたい

手を抜かず、自分に厳しい私でいられますように

自分ばかり目立とうとせずに黒子に徹して、それが喜びとなる自分でありたい

●実践プラン

仲間が必要としている仕事のサポートを的確に行う

デスクまわりを片づけ、二度と散らかさないよう心がける

ここでは乙女座に新月があるときにするアファメーションの例と、この日に行うと他の星座の新月のときよりもスムーズにことが運ぶ実践プランを具体的にあげていきます。

人生・生活

●アファメーション

いつでも正確な判断を下せる私にならせてください

余計な物を持たず、すっきりと暮らしていきたい

長期計画を立て、その通りに実行できる自分になりたい

●実践プラン

小さなことでも、毎日続けられる課題を自分に課す

理想の私になるために自分自身の欠点を見つめ、修正する行動を起こす

恋愛

●アファメーション

好きな人に対して、どこまでも誠実な私でありたい

一生、その人だけを愛し抜ける相手と出会わせてください

出しゃばらず、一歩引く賢さを与えてください

●実践プラン

自分が好きな人にしてもらいたいことを、好きな人にしてあげる

ここでは乙女座に新月があるときにするアファメーションの例と、この日に行うと他の星座の新月のときよりもスムーズにことが運ぶ実践プランを具体的にあげていきます。

健康

●アファメーション

健全な体を保持するために、不摂生をしない私でいられますように

私の体に有効なダイエット法が見つかりますように

●実践プラン

一日の終わりに、今日体にいいことをしたか振り返る習慣を持つ

爪やかかとなど、体の細かい部分のお手入れを新月のたびに行う

マクロビオティックな食事に変える

趣味・学問・娯楽

●アファメーション

面倒な会合の手配を率先して引き受けられる自分でありたい

上達を促してくれる師匠と出会えますように

正しいマナー、敬語を使える私になりたい

●実践プラン

生活に役立つ習いごとを探し始める

姿勢や所作が美しくなるための本を読む

乙女座の新月の願い

新月の日：　　　　年　　月　　日　　　時　　分

記 入 日：　　　　年　　月　　日

半年後の同じ星座の満月の日に、書き込んだ願いごとの経過を検証して、必要なら軌道修正しましょう。

乙女座の満月の日：　　　　年　　月　　日

乙女座の満月の時期

2月19日頃〜3月20日頃

願いをかなえるために使いたい
乙女座の満月パワー

新月にした願いごとはかないましたか？
かなった方もいるでしょう。
もしもそうでないならば、
ここでは満月のパワーを使って
軌道修正を行います。

乙女座の満月の提案

○分析癖を改める
○批判精神を引っ込める
○最悪の結果を想定して
　対策を立てるのをやめる
○あるがままを受け入れる
○完璧主義を緩める
○無条件の愛を育てる
○健康への過剰なこだわりを捨てる

乙女座の満月時に気をつけるべきこと

乙女座の満月は、おおよそ2月19日以降、春分の日頃までに起こります。秋口に形成された乙女座の新月から、ちょうど半年を経て、新月に始めたプロジェクトにもそれなりの成果が表れる頃です。満月は物事が成就する時期です。乙女座の新月に思いついたアイデアに勝算がありそうなら、そのまま前進してください。

「乙女座の新月の願い」があまりうまくいっていないと感じる場合は、問題点を突き止め、軌道修正を行う必要があるでしょう。満月にはよくも悪くも、物事をはっきりさせる力があるからです。

乙女座の新月は、どの新月よりもストイックで、安易に現状をよしとしない厳しさがありました。したがって真摯な態度で人生に向き合い、〝よりよい自分〟になるための課題を自らに課したはずです。

仕事で有能さを発揮できるよう願いをかけたり、専門的な技術を身につけるべく資格取得を目指した人もいるでしょう。

しかし**目的を達成することを第一に考えるあまり、周りにも完璧さを強いてこなかったか。物事が計画通りに運ばないことに苛立ち、辛らつな批判の目を周りに向けてしまったことはないか。**

乙女座の満月時には、この半年を振り返り、「乙女座の新月の願い」が成就するために必要なバランス調整を行うとよいでしょう。

また乙女座の満月時は、いつも以上に心と体のバランスを取るのが難しくなります。食欲のコントロールが利かなくなり、せっかく順調に進んでいたダイエットに失敗したり、精神的なストレスから吹き出物が出やすくなったりします。あなたの中の「～しなければならない」という強迫観念に気づき、完璧さを求める頑なな心をまず緩めてあげましょう。

また分析癖や他人に対する批判精神を引っ込めて、ありのままの自分を受け入れれば、「乙女座の新月の願い」はよりかなえられやすくなるはずです。

確かに乙女座の新月はあなたに、細部への注意力を授けました。恋愛面においても、その注意力を発揮して、愛を勝ち取るスキルを磨いてきたかもしれません。それはそれですばらしいことですが、恋愛にも潔癖さや完璧さを求めて、失望を味わったことはなかったでしょうか。この満月は、**あるがままの自分や相手を無条件に愛せ**とあなたを促します。

乙女座の満月のもとで、人を無条件に愛するレッスンをすれば、夢の実現に一歩一歩近づくでしょう。

天秤座の新月の時期

9月24日頃～10月23日頃

願いをかなえる
天秤座の新月パワー

天秤座の新月の特徴

- 優雅で上品
- 社交的
- バランス感覚に富む
- 洗練されている
- 良識派
- 外交手腕に優れる
- 優れた美的感覚
- おしゃれのセンス
- 芸術愛好（ディレッタント）趣味
- 他者への興味が強い
- 関係性重視
- 人の意見を尊重する
- 平和・平等主義者
- 親近感がある
- 正義・倫理を重んじる
- 愛想がよい
- 理想主義
- 冷静で論理的
- 妥協を知っている

社会性が磨かれる天秤座の新月

占星術では、秋分の日を天秤座の始まりと定めています。春分が一年の始まりだとすれば、ちょうど一年の折り返し地点です。陽気は暑くも寒くもなくさわやかな日々が続き、空はどこまでも澄み渡ります。スポーツや芸術、社交などに心が向かう季節です。

天秤座の新月は、秋分の日以降、10月23日頃までに起こります。天秤座は12星座の中間地点に位置する星座です。天秤ばかりが象徴するように、この新月により、**物事の中庸《ちゅうよう》を見極める目やバランス感覚**がもたらされます。また**感情よりも理性を働かせて、周りの人やモノを平等に、そして公平に扱う力**を授けてくれます。

たとえば本筋から外れてしまったプロジェクトなどを修正したいとき、また仕事相手との意見の相違に妥協点を見いだしたいときなどにも、天秤座の新月は有効です。この月は、**他者との関係性を重視しながら物事を解決する外交手腕に優れています。**

人は一人では生きてはいけません。天秤座の新月は、「人とつながりたい」という人間が持つ基本的な欲求を持っています。友達が欲しい、だれかと親密になりたいと思うとき、この新月は他者の興味を自然にこちらに向ける魅力的な方法を示して、あなたの手助けをしてくれます。さらには**人間関係における優雅な立ち居振る舞いやマナー、礼儀正しさ**なども授けてくれるでしょう。

人間関係は天秤座のキーワードですが、特に一対一のパートナーシップに焦点が置かれます。そこからこの新月には、**〝結婚〟にまつわるあらゆる問題に効果があると**わかるはずです。パートナーを見つけたい、恋人と結婚したいと願うとき、天秤座の新月は力を貸してくれます。恋愛は二人だけのものですが、結婚により私たちは社会の一員となります。他人ときちんとつながる社会性を身につけさせてくれるのが、天秤座の新月というわけです。

またこの月は、**あなたを取り巻く環境を美しくすることを好みます。**インテリアや芸術活動、また色彩を扱うものなどに、洗練された美的感覚をもたらします。天秤座の新月のもとでは、だれもが平和を愛し、理想的な世界を築こうとします。そして社会生活を営む上で、マナーやモラルの大切さを学ぶ日となるでしょう。

ここでは天秤座に新月があるときにするアファメーションの例と、この日に行うと他の星座の新月のときよりもスムーズにことが運ぶ実践プランを具体的にあげていきます。

人間関係

●アファメーション

いろいろなタイプ・ジャンルの人とバランスよくつきあえる私になりたい

だれに対してもそつのない対応ができますように

周りの人に対して興味や関心を抱ける自分でありたい

●実践プラン

自分の意見をいう前に、まず相手の要望を聞く癖をつける

場がなごやかになる雰囲気づくりを心がける

仕事

●アファメーション

交渉力が身につきますように

仕事のトラブル・悩みを引きずらない私になりたい

洗練されたおしゃれな職場で働けますように

●実践プラン

だれに対しても公平な態度で接する

オフィスで笑顔を絶やさない自分を目指す

ここでは天秤座に新月があるときにするアファメーションの例と、この日に行うと他の星座の新月のときよりもスムーズにことが運ぶ実践プランを具体的にあげていきます。

人生・生活

●アファメーション

美しいものに囲まれて暮らしたい

たくさんのよき友に恵まれ、明るく楽しい人生になりますように

知的で洗練されたコミュニティーのメンバーになりたい

●実践プラン

優雅なライフスタイルについて考え、実践する

品格のある人間になれるよう、今日から努力を開始する

恋愛

●アファメーション

私を成長させてくれる、知恵のあるパートナーと出会えますように

好きな人の家族や友達に気に入ってもらえる私になりたい

平和な結婚生活を手に入れたい（もしくは維持したい）

●実践プラン

好きな人を褒めて、いい気分にさせてあげる

理想の彼と出会うために合コンを計画する

ここでは天秤座に新月があるときにするアファメーションの例と、この日に行うと他の星座の新月のときよりもスムーズにことが運ぶ実践プランを具体的にあげていきます。

健康

●アファメーション

バランスの取れたプロポーションになりたい

自分の美しさを引き出してくれるエステティシャンと出会わせてください

私に必要な食事・運動が自然にできるようになりますように

●実践プラン

心身ともに無理・無茶をしないよう、心がけて暮らす

自分の魅力が最大限に際立つメイクの研究をする

趣味・学問・娯楽

●アファメーション

美的センスが高められるものを見つけさせてください

私の才能を開花させてくれる指導者《メンター》と出会いたい

一緒に楽しみを共有できる友達が現れますように

●実践プラン

音楽と芸術に関する習いごとを始める

自分の美意識に合う部屋づくりをスタートする

天秤座の新月の願い

新月の日：　　　年　　月　　日　　時　　分

記 入 日：　　　年　　月　　日

半年後の同じ星座の満月の日に、書き込んだ願いごとの経過を検証して、必要なら軌道修正しましょう。

天秤座の満月の日：　　　年　　月　　日

天秤座の満月の時期

3月21日頃～4月20日頃

願いをかなえるために使いたい
天秤座の満月パワー

新月にした願いごとはかないましたか？
かなった方もいるでしょう。
もしもそうでないならば、
ここでは満月のパワーを使って
軌道修正を行います。

天秤座の満月の提案

○八方美人的な態度を改める
○依頼心の強さを克服する
○人の意見に左右されない
○ちゃんと自己主張する勇気を持つ
○人が見ていないところで
怠ける癖を改める
○すぐに妥協せず、
徹底的に議論してみる
○孤独に強くなる

天秤座の満月時に気をつけるべきこと

天秤座の満月は、たいてい春分の日以降、4月20日頃までに起こります。天秤座の新月に始めたプロジェクトから、ちょうど半年が過ぎました。満月には、新月に始めたプランを結実させる力があります。「天秤座の新月の誓い」が、軌道に乗ってきたのを実感する人もいるはずです。プランがよい方向で進んでいれば、引き続き前に進んでください。

満月は物事を成就させる一方、潜在していた問題を表面化させる力もあります。よくも悪くもプロジェクトの結果がはっきりと表れてきます。半年前の新月時に始めた事柄があまりうまくいっていない場合は、この満月で軌道修正を試みるとよいでしょう。

天秤座の新月には、どの新月よりも協調性があり、人間関係を円滑に運ばせる力がありました。天秤座の新月は、周りの人やモノを公平に扱うことを要求します。したがってこの新月のもとで、共同作業やチームワークを発展させた人もいるでしょう。

しかし**平和に物事を進めたいと願うあまり、周りに気を使いすぎて、内側にフラストレーションを溜め込んでしまわなかったか。周りの意見を尊重した結果、方向性や目標がブレてしまったことはないか。**

天秤座の満月のときこそ、新月に立てたプランの微調整や再検討を行うよいチャンスです。

またこの満月のときは、いつも以上に交友関係を広げすぎて、人間関係でバランスを取るのが難しくなります。あちらにいい顔をすればこちらが立たず、八方美人的な態度でヒンシュクを買うかもしれません。**周りと意見が対立しようとも、自分の意志を貫く勇気**を持ちたいものです。

孤独に強くなることも、この満月が与えるレッスンです。安易に妥協せずに、理性を働かせて物事を解決するよう努めれば、「天秤座の新月の願い」は、今以上にかなえられやすくなります。

確かに天秤座の新月は、あなたの中に眠る美意識を目覚めさせ、芸術やインテリアなど、あなたを取り巻く環境を美しくするものへの興味を抱かせました。しかし満月時には美的なものへの興味と相反して、醜いものを直視せざるをえなくなったり、人間の心の奥深くにあるネガティブな感情と闘わなくてはならなくなります。

この満月は、**美意識を保ちつつ、問題の本質に鋭く迫る勇気を持て**とあなたを促します。天秤座の満月は、あなたが成長するための試練を与え、夢をかなえる手助けをしてくれるでしょう。

蠍座の新月の時期

10月24日頃～11月22日頃

願いをかなえる
蠍座の新月パワー

蠍座の新月の特徴

- 不屈の精神力
- 粘り強さ
- ゼロからスタートする潔さ
- 自己変容の力
- 旺盛な探究心
- 人の心を見通す洞察力
- 口の堅さ（秘密保持）
- 性的な魅力
- 神秘性
- 磁力的な魅力（カリスマ性）
- 自己コントロール能力
- タブーを超える力
- 集中力
- 策略家
- 物事の核心に迫る力
- 孤独に強い
- ヒーリング能力
- 自己浄化作用
- 危機管理能力

状況を根本から変革できる蠍座の新月

蠍座の季節は、10月24日頃に始まります。秋も深まり、木々を彩る紅葉もやがては朽ちて土に返ります。生命の循環、死と再生のサイクルを感じる季節となります。外界に向けていた意識を、ゆっくりと自分の内側へと向けてみましょう。自分の心の内部に深く分け入ることで、大きな実りがある時期です。

蠍座の新月は10月24日以降、11月22日頃までに起こります。この新月には、物事の核心を見抜く力があります。探究心や不屈の精神力も授かるので、**掲げた目標に向けてすばらしいエネルギーと集中力**を発揮できます。また人の心を見抜く洞察力も備わります。ウソや秘密を暴き、人の本音にダイレクトに切り込む力を持ちます。その力が自分に向けば、**あなた自身の心の深層にあるものに気づく**手助けとなるでしょう。

人は案外、自分自身をも欺《あざむ》くもの。たとえば子供の頃に受けた心の傷がトラウマとなり、人生のみならず仕事や恋愛に対しても臆病になってしまうことがままあります。心の問題の核心を包み隠し、それが悪いパターンとなって、あなた自身の成功を妨げている場合もあります。蠍座の新月は、そんな**悪いパターンを崩し、自分を浄化する方法や根本的な自己変容を促す力**を授けてくれるのです。**ゼロからの再スタートを切りたいときにも、この新月は思い切りのよさを発揮して人生を立て直す力**を与えてくれます。

また、この新月のすばらしさは、セックスを通じてだれかと深く関わる喜びに気づかせてくれること。セックスは恋愛における重要なコミュニケーションです。蠍座の新月のもとでは、**だれもが磁力的な魅力を放ち、好きな人を性的に惹きつける力**を身につけられます。

さらに蠍座の新月は、**危機的状況に対し屈しない精神力**を持っています。あえてリスクを冒してでも、その状況を根本から変革する勇気こそ、蠍座の新月の賜物です。そして戦いに身を投じ疲れ果てた際には、すばらしいヒーリング機能で自己再生を促す力をもたらします。この新月は天性のセラピストです。

この日は、**神秘的な物事に心が向かうようになります。**この世の謎を解き明かしたい、という気持ちも芽生えます。蠍座の新月のもとでは、だれもが謎解きをする楽しさに目覚めるでしょう。

ここでは蠍座に新月があるときにするアファメーションの例と、この日に行うと他の星座の新月のときよりもスムーズにことが運ぶ実践プランを具体的にあげていきます。

人間関係

●アファメーション

人を見抜く目を授けてほしい

ソウルメイトと出会えますように

友達の秘密を守り通せる私でありたい

●実践プラン

周りにいる人たちの相関図を作成し、現況を把握する

自分にとって不必要だと感じる人間関係を断ち切る

仕事

●アファメーション

仕事の分野でエキスパートになりたい

失敗してもゼロからやり直せる強さが欲しい

●実践プラン

職場の環境をよい方向に変えるために何ができるか、考えてみる

起こりうるリスクを想像し、危機管理策を練っておく

ここでは蠍座に新月があるときにするアファメーションの例と、この日に行うと他の星座の新月のときよりもスムーズにことが運ぶ実践プランを具体的にあげていきます。

人生・生活

●アファメーション

幸せになるために自分をコントロールできる私でありたい

変化することを恐れない自分になりたい

孤独を恐れず、我が道を突き進んでいけますように

●実践プラン

苦手なことに、あえてチャレンジする

自分のルーツについて調べてみる

恋愛

●アファメーション

セックスアピールを授けてください

好意を上手に伝えられる私になりたい

恋人とスキンシップが深まりますように

●実践プラン

エゴを捨て、好きな人に、献身的な愛情を捧げる

好きな人からもっと深く愛されるための変化を考えて実践する

ここでは蠍座に新月があるときにするアファメーションの例と、この日に行うと他の星座の新月のときよりもスムーズにことが運ぶ実践プランを具体的にあげていきます。

健康

●アファメーション

少々のことに動じない強い精神力を身につけたい

セックスできれいになれますように

●実践プラン

定期的に婦人科検診を受ける

毎朝、起きたらすぐ1杯のミネラルウォーターを飲む習慣を持つ

趣味・学問・娯楽

●アファメーション

心底、没頭できる趣味・学問と出合えますように

ひとつのことに熱中できる集中力を与えてください

一度始めた勉強、習いごとを投げ出さず、まっとうできる私になりたい

●実践プラン

興味があることを徹底的に研究する

いろいろなヒーリング講座に通い始める

蠍座の新月の願い

新月の日：　　　　年　　月　　日　　　時　　分

記 入 日：　　　　年　　月　　日

半年後の同じ星座の満月の日に、書き込んだ願いごとの経過を検証して、必要なら軌道修正しましょう。

蠍座の満月の日：　　　年　　月　　日

蠍座の満月の時期

4月21日頃～5月21日頃

願いをかなえるために使いたい 蠍座の満月パワー

新月にした願いごとはかないましたか？
かなった方もいるでしょう。
もしもそうでないならば、
ここでは満月のパワーを使って
軌道修正を行います。

蠍座の満月の提案

○思い込みの激しさを改める
○他人への警戒心を解く
○ゼロかすべてかではなく、妥協を学ぶ
○無意識に人をコントロールする癖を改める
○金銭管理に関する苦手意識を払拭する
○自己破壊衝動を改める
○人を〝赦《ゆる》す〟ことを学ぶ

蠍座の満月時に気をつけるべきこと

蠍座で満月が起こるのは、たいてい4月21日以降、5月21日頃までの期間です。蠍座の新月から月が満ち、そして欠けていく自然のサイクルをいくつか経て、約半年が過ぎました。この満月には、蠍座の新月に願ったことに対する答えが用意されています。

満月には物事を成就させる力があります。蠍座の新月時に始めたプロジェクトのいくつかは、それなりの成果をあげているはずです。新月の願いがよい方向に進んでいる場合は、気を抜かずにそのまま前進。いまひとつよい結果が出ない場合は、プランを見直す必要があるし、軌道修正を行ったほうがよいかもしれません。

蠍座の新月には、どの新月よりも、人を根本から変容させる刷新力や浄化作用がありました。この新月のもとで、子供の頃から抱えている心理的な問題解決に挑んだり、また仕事や恋愛における〝悪いパターン〟を改善するべく、誓いを立てた人もいるでしょう。

しかしこの新月は両刃の剣で、**何かを改善しようとする過程で、それを邪魔する存在を思いきりよく切り捨ててしまう傾向があります。**All or nothing（オールオアナッシング）という解決法ではなく、妥協を学んで心地よい着地点を見つけたほうがよい場合もあります。また、**自分の欲求を正当化して、無意識に人を操作しようとしてこなかったか。精神性を重要視しすぎて、お金の扱いを軽視するのも問題**です。

蠍座の満月は、**あなたの夢をかなえる過程で生じる問題点を白日の下にさらす力がある**のです。

また、蠍座の満月のときは、いつも以上に〝自分のやり方〟にこだわったり、他人に対する猜疑心が強くなったりして、よりよい変化のキッカケを自ら潰してしまう傾向があるのです。もしくは物事がうまくいかないと自暴自棄になり、今まで築き上げたものを破壊したりしてしまうことも。

この満月には底知れぬエネルギーがありますが、それを破壊的な方向ではなく、建設的な方向に振り向けるようにしなければ、新月時のプランの成功は遠のいてしまいます。

確かに蠍座の新月はあなたに、すばらしい集中力や物事の本質を見抜く洞察力を授けてくれましたが、夢をかなえるにはときとして妥協や順応性も必要になります。

この満月は**問題に直面したときに、人を断罪するのではなく、赦《ゆる》すことを学べ**とあなたを促します。真摯な気持ちで受け止めて、あなたの夢の実現に向けて一歩一歩前進してください。

射手座の新月の時期

11月23日頃〜12月21日頃

願いをかなえる
射手座の新月パワー

射手座の新月の特徴

- 自由を愛する
- 柔軟性がある
- 率直
- 熱狂性がある
- 快活・活発
- 真理の探求
- 博識
- 向学心がある
- 発展的
- 未来志向
- 知識欲旺盛
- 楽観的
- （人生に）意味を求める
- 神への忠誠心＝宗教心がある
- 哲学的思考
- 予言的な直観力がある
- 異文化への興味
- 旅行を愛する
- 探検好き

自分の可能性を信じられる射手座の新月

射手座の季節は、11月23日頃に始まります。師走が近づき、街はイルミネーションで輝き、なんとなく心が躍る季節です。来るべき新年に向けて、明るい希望に胸が膨らみます。

射手座の新月は11月23日以降、12月21日頃までに起こります。この新月には、**物事の明るい面を照らす力**があります。そこには恐れも疑いもなく、ただ明るい未来と自分自身を信じる心だけが存在します。自分の内側からパッションが沸き起こってくるのを感じてください。今の状態から自由になりたいとき、また未知の世界へと足を踏み入れたものの、心に不安がよぎったときなどにも、射手座の新月は、**常に物事のよい面を見る楽観性**を授けてくれます。

恋愛のステージにおいても、射手座の解き放たれた矢は、恋に向かってまっしぐらに進んでいきます。好きな相手に対し、自分の思いをストレートに伝えたいときこそ、この新月は類まれな率直さで自分の情熱を伝え、相手を感動させる術《すべ》を知っています。

また、**過去の経験から恋愛恐怖症に陥っている人には、頑なな心を解きほぐし、何かに熱狂的になる心地よさを教えてくれる**でしょう。

射手座の新月は、あなたに旺盛な知識欲や向学心を授けます。ここでいう知識とは、**単なる情報収集ではなく、やや深遠な学問に関する理解力**を表します。**語学・教育・哲学・宗教・法律**などは、射手座の新月が得意とする分野です。この月は、それらの学問を通じて、人生で起こるあらゆる経験にはどれも意味があるということを指し示してくれるはずです。

旅行や冒険、探求というテーマも、射手座の新月の得意分野といえます。この日には、外国や異文化への興味や憧れが高まります。実際の旅行だけではなく、読書や瞑想などを通じて得られる精神や知性の旅も、射手座の新月が司るものです。何ものにも、どんな人にも縛られたくないという自由への憧れが強いモチベーションとなり、あなたを冒険へと駆り立てていきます。

射手座の新月のもとでは、だれもが〝自由な旅人〟になれます。**自分の可能性を信じ、明るい未来に向けて第一歩を踏み出せる日**になるでしょう。

ここでは射手座に新月があるときにするアファメーションの例と、この日に行うと他の星座の新月のときよりもスムーズにことが運ぶ実践プランを具体的にあげていきます。

人間関係

●アファメーション

他人のよい面を見つけられる自分でありたい

たくさんの人とオープンマインドな関係を築きたい

人から学べる私になりたい

●実践プラン

興味を感じた人には、すぐフランクに声をかけるようにする

人生について語れる友を見つける

仕事

●アファメーション

たとえ失敗しても、すぐ立ち直って次に活かせる私になりたい

信じたもののために闘える自分でありたい

仕事に関して広い視野を持てますように

●実践プラン

精神的自由を職場で手に入れる方法を考え、実行する

海外で自分の可能性を見つけるためのアクションを起こす

ここでは射手座に新月があるときにするアファメーションの例と、この日に行うと他の星座の新月のときよりもスムーズにことが運ぶ実践プランを具体的にあげていきます。

人生・生活

●アファメーション

精神的に満たされた毎日を過ごしたい

私の人生を導いてくれる指導者《メンター》と出会わせてください

●実践プラン

新しい人との出会いを求め、未知の場所へと出かける

海外文学・洋楽・外国映画に触れる機会をつくる

週に１回は、宇宙の真理について思いを馳せる瞑想の時間を持つ

恋愛

●アファメーション

魂がふるえるような恋に巡り合わせてください

出会ったときの新鮮さがパートナーとのあいだで永久に保てますように

好きな人に縛られず、好きな人を束縛もしない関係を築きたい

●実践プラン

好きな人に会いに行き、真剣な気持ちを告白する

追われる恋ではなく、追う恋に喜びを感じる自分を目指す

ここでは射手座に新月があるときにするアファメーションの例と、この日に行うと他の星座の新月のときよりもスムーズにことが運ぶ実践プランを具体的にあげていきます。

健康

●アファメーション

いつも快活でいられる健康な心身を手に入れたい

年齢よりも5歳若い肉体をキープできますように

●実践プラン

毎日、無理なく体を動かす習慣を身につける（エレベーターより階段を使うなど）

ヒップアップのエクササイズを始める

最先端の健康法を試してみる

趣味・学問・娯楽

●アファメーション

私の好奇心を満たす、胸がワクワクする対象が見つかりますように

視野を広げてくれる趣味・習いごと・学問などと出合いたい

●実践プラン

語学の勉強を開始する

旅行の計画を立てる

動物に触れる機会（ペットショップ・動物園など）を持つ

射手座の新月の願い

新月の日：　　　　　年　　月　　日　　　時　　分

記 入 日：　　　　　年　　月　　日

半年後の同じ星座の満月の日に、書き込んだ願いごとの経過を検証して、必要なら軌道修正しましょう。

射手座の満月の日：　　　　　年　　月　　日

射手座の満月の時期

☽5月22日頃〜6月21日頃

願いをかなえるために使いたい
射手座の満月パワー

新月にした願いごとはかないましたか？
かなった方もいるでしょう。
もしもそうでないならば、
ここでは満月のパワーを使って
軌道修正を行います。

射手座の満月の提案

○ときには自分の直感を疑ってみる
○性急に結論を導き出さない
○日常生活を退屈だと決めつけない
○大風呂敷を広げない
○約束をちゃんと守る
（それが口約束だったとしても）
○自分が考える〝正義〟を
人に押しつけない
○独りよがりのコミュニケーションを
改める

射手座の満月時に気をつけるべきこと

射手座の満月は、たいてい5月22日以降、6月21日頃までに起こります。射手座で新月が形成されたのは、約半年前のことですが、月が満ちては欠ける自然のサイクルをいくつか経て、新月時に立てた誓いになんらかの結果がもたらされる頃です。満月は物事を成就させる力がある一方、潜在していた問題を浮き彫りにさせるパワーも秘めています。

射手座の新月に計画したプランが順調に進んでいれば、迷わず前進してください。その道で壁にぶつかったり、あなたの行く手を阻止しようとする動きなどがあった場合は、いったん立ち止まり、軌道修正を加えたほうがよいでしょう。

射手座の新月は、どの新月よりも熱心に、「すべての物事には意味がある」と信じる力を与えてくれました。この新月のもとで、あなたは明るい未来や自分自身を信じ、目標に向かって邁進してきたはずです。

しかし**「自分はよいことをしている」という気持ちがあるせいか、人にぶしつけな**

態度を取ったり、無遠慮に人の心に土足で入り込んだりしたことはないか。自分の将来の夢やプロジェクトに周りを巻き込んでおいて、途中で放り出すという失礼なことをしてこなかったか。

射手座の満月時には、この半年であなたが無自覚にしでかした失敗の後始末をきちんとする必要性に迫られます。

射手座の満月のときは、いつも以上に気分が高揚し、人の意見を聞かずに自分の話に終始する傾向があります。もっと双方向《インタラクティブ》のコミュニケーションを心がけないと、恋愛でも仕事でも相手に失望されかねません。

また、直感に頼りすぎるのも問題です。思い込みが判断ミスを生み、せっかくうまくいっていた「射手座の新月の願い」も、ここに来て大失敗の憂き目にあうことも。そうならないためには、**事実関係をちゃんと確認し、あわてて結論を出さないようにしたいもの**です。

確かに射手座の新月はあなたに、自由な世界へと羽ばたく勇気や情熱を授けてくれました。しかし自由を謳歌するには、それに伴って生じるさまざまな事柄に責任を負う覚悟が必要です。

射手座の満月時には、あなたが考える理想郷へと至る道筋で生じるさまざまな試練が待ち受けます。**日々の生活をおろそかにするものに夢はかなえられない**ということを、この満月に教えられるでしょう。

山羊座の新月の時期

12月22日頃～1月20日頃

願いをかなえる
山羊座の新月パワー

山羊座の新月の特徴

- 誠実
- 責任感が強い
- 現実対処能力がある
- 忍耐強い
- 秩序を重んじる
- 自己管理能力
- 禁欲的（ストイック）
- 慎重
- 努力を苦としない
- 社会性がある
- 自分に厳しい
- 野心的
- 冷静沈着
- 孤独に強い
- 古風（クラシック）な魅力
- 仕事熱心
- 時間配分が得意
- ムダを嫌う
- 伝統を重んじる

努力の末に必ず結果を出せる山羊座の新月

　占星術では、冬至を山羊座の始まりの日と定めています。冬至は毎年12月22日頃になります。1年でもっとも太陽が低く昇り、日照時間が短い時期です。年末年始を含むこの季節は、いつになく厳かな気持ちになり、新年の目標を真剣に考えるようになります。

　山羊座の新月は、たいてい冬至の日以降、1月20日頃までに起こります。山羊座は社会性を要求する星座なので、**仕事上の目標について思いを巡らしたり、社会における自分の評価が気になる日**になります。山羊座の新月は、**目標を設定し、それに向けてコツコツと精進するよう、**あなたを促します。

　計画を立て、それをオーガナイズし、黙々と働くことで、成功を勝ち取ることができるはずです。山羊座の新月は、仕事への責任感や自己管理能力をも高めてくれます。**長期的展望に立ち、しっかりとスケジュールを組み、目標達成に向けてストイックに立ち向かう力**を授けてくれます。また、この新月は、今あなたが抱えている課題から逃げずに、努力して解決するよう要求します。そして**その課題を解決したあかつきには、何らかのご褒美を与えてくれます。**

この日は、**華美に傾いた生活のムダを取り除く力**も有します。余計なものを削ぎ落としたシンプルな美しさを追求するよい機会です。経済面での見直しを図るのにも適しています。

恋愛においては、できない約束で相手の信頼を失うよりも、控えめでありながら誠実な愛情を相手に注ぐよう促します。愛とは好きな人に対して責任を持つことだと、山羊座の新月は教えてくれるはずです。

さらに、山羊座の新月は秩序や規則（ルール）を好み、あなたに時間の感覚を授けます。**生活や仕事において自分独自の規則を設け、期日や締め切りを設定してみてください。**人生は永遠ではなく、〝限界〟があると知れば、おのずと時間を惜しんで、やるべきことに意識を集中できるようになります。

山羊座の新月は私たちを、ゴールに向かって孤独な闘いを挑む長距離ランナーに仕立てます。しかし**努力の果てには、必ず栄光が待ち受けているはずです。**

ここでは山羊座に新月があるときにするアファメーションの例と、この日に行うと他の星座の新月のときよりもスムーズにことが運ぶ実践プランを具体的にあげていきます。

人間関係

●アファメーション

人に大きな借りをつくらない自分でありたい

大人のつきあいができる私になりたい

お互いに切磋琢磨して成長していける友達が欲しい

●実践プラン

目上の人を尊重し、認められるためのアクションを起こす

ひとりの時間を大切に。気乗りのしない会食や飲み会はパスする

仕事

●アファメーション

自分の仕事に誇りを持てる自分でありたい

スペシャリストとして、その道のプロになりたい

どんな場合でも冷静沈着な判断ができる私にしてください

●実践プラン

職業や地位にふさわしい服装・立ち居振る舞いを習得する

仕事に好き・嫌いを持ち込まない私になれるよう努力を始める

ここでは山羊座に新月があるときにするアファメーションの例と、この日に行うと他の星座の新月のときよりもスムーズにことが運ぶ実践プランを具体的にあげていきます。

人生・生活

●アファメーション

期日・規則を守れる私でありたい

目標を達成するため、自分を甘やかさない人間になりたい

私の能力が高く評価されますように

●実践プラン

新しい年はこれをやると決心を固める

生活のムダを削ぎ落とし、シンプルライフを実践する

恋愛

●アファメーション

将来性のある相手と出会い、幸せな結婚ができますように

情に流されず、不毛な恋に自ら幕を引ける自分になりたい

心から愛せる異性が現れるまで、妥協しない私でありたい

●実践プラン

恋人やパートナーに疑われるようなことはしないと誓い、実践する

相手の心を確実につかむため、好きな人に関する情報を集める

ここでは山羊座に新月があるときにするアファメーションの例と、この日に行うと他の星座の新月のときよりもスムーズにことが運ぶ実践プランを具体的にあげていきます。

健康

●アファメーション

年齢相応の美しさを身につけられますように

調子が悪いときは早めに病院に行けるようになりたい

ダイエットに挫折しない精神力を身につけたい

●実践プラン

綿密にスケジュールを組み、規則正しい生活をする

座禅・ヨガなどで精神を鍛える

趣味・学問・娯楽

●アファメーション

そこへ行けば自分を取り戻せるヒーリングスポットを発見したい

スキルアップにつながる趣味や習いごとに出合えますように

毎日の予習・復習を怠らない私でありたい

●実践プラン

伝統芸能・作法に触れる機会を増やす

歴史を学び、先人の知恵を吸収する

山羊座の新月の願い

新月の日：　　　　年　　月　　日　　　時　　分

記 入 日：　　　　年　　月　　日

半年後の同じ星座の満月の日に、書き込んだ願いごとの経過を検証して、必要なら軌道修正しましょう。

山羊座の満月の日：　　　　年　　月　　日

山羊座の満月の時期

6月22日頃〜7月22日頃

願いをかなえるために使いたい
山羊座の満月パワー

新月にした願いごとはかないましたか？
かなった方もいるでしょう。
もしもそうでないならば、
ここでは満月のパワーを使って
軌道修正を行います。

山羊座の満月の提案

- ○豊かな感情表現を学ぶ
- ○理性だけではなく本能の声にも従ってみる
- ○素直に人に甘えてみる
- ○他人に厳格な点を改める
- ○状況や人を仕切ろうとする癖を改める
- ○物事を悲観的に考えない
- ○金銭面で利己的なところを改める

山羊座の満月時に気をつけるべきこと

山羊座の満月は、たいてい夏至の日以降、7月22日頃までに起こります。約半年前の年末年始の頃を振り返り、山羊座の新月に始めたプロジェクトを思い起こしてください。満月には物事を成就させる力があるので、新月時の願いに何らかの結果がもたらされる時期です。新月に願いをかけたことが、軌道に乗り始めたのを実感する人もいるでしょう。それがよい方向に進んでいれば、そのまま努力を重ねてください。

しかし山羊座の新月に始めたプランが、いまひとつ思うような結果になっていない場合は、ここで軌道修正やバランス調整をする必要があるのです。

山羊座の新月は、どの新月よりも野心的かつ生真面目で、あなたの中にある仕事への責任感や自己管理能力を目覚めさせました。山羊座の新月のもとで、あなたは仕事上の地位や名声を夢見たはずです。また、この新月は無類の修業好きなので、ライフスタイルの簡素化を図り、自分自身を厳しく律する力なども授けてくれたでしょう。

しかし**あまりに最短距離で物事を達成しようとして、利己主義に陥ったり、他人の**

感情を無意識に踏みつけにしたりしてこなかったか。また、野心のため知らず知らずのうちに自分の感情を押し殺し、抑うつ状態に陥ったことはなかったか。

満月の期間は、この半年を振り返り、「山羊座の新月の願い」が成就するために必要な微調整を行うとよいでしょう。

山羊座の満月のときは、普段よりも悲観的に物事をとらえがちで、恋愛に関しても最悪の状況を想像しては、それに対する心構えをしたりしてしまいます。自分が傷つかないために、心が予防線を張ってしまうのです。相手に信頼されたいからと、気丈なフリをしてしまうのも問題です。**ネガティブな感情を払拭し、明るい未来を信じるようにしましょう。**そして好きな人に、もっと素直に甘えられるようになれば、恋愛も人間関係も劇的に好転して、「山羊座の新月の願い」も成就されやすくなります。

確かに山羊座の新月はあなたに、地道な努力を重ねて成功を勝ち取る方法を授けてくれましたが、周りの人々を味方につけなければ遠回りをすることになります。この満月は、自分同様、人にも厳しさを要求しがちなあなたに試練を与えます。**人を管理するのではなく、信頼して愛することができたら、**山羊座の新月時の願いはかなえられやすくなるでしょう。

水瓶座の新月の時期

1月21日頃〜2月18日頃

願いをかなえる
水瓶座の新月パワー

水瓶座の新月の特徴

- 自由奔放
- 独創的
- ユーモアのセンス
- 革新的
- 人道主義的
- 博愛精神
- 独立心が強い
- 知的でクール
- ユートピア（理想郷的）思想
- 意見の違いに寛容
- 理解力がある
- 友好的
- エキセントリック
- 発明の才がある
- 未来志向
- グループ活動への興味
- 反権威主義
- 科学的
- 人間そのものへの興味

独創的なアイデアを授かる水瓶座の新月

水瓶座の季節は、新年が始まりしばらくした1月21日頃に始まります。寒さは一段と厳しさを増しますが、空気は澄み夜空には星が瞬《またた》いています。広大な宇宙に想いを馳せると、自分というちっぽけな存在も宇宙の一部であることが理解できるはずです。

水瓶座の新月は1月21日以降、2月18日頃までに起こります。この新月は私たちに、**個人の利益優先ではなく、もっとグローバルな視野に立って物事を行う力**を授けます。あなたのやりたいことが、ひいては人類にとって利益となるかを、水瓶座の新月はふるいにかけるのです。**環境問題や人道的な活動に関わるのもよい**でしょう。共通のテーマや目的を持つ人々とネットワークを築くチャンスです。大いなる理想に向けて第一歩を踏み出してください。

また、この日には、**停滞した状況に革命的な変化を起こす力**が授かります。現状を打破したい、という気持ちが高まるはずです。**今まで思いもつかなかった方法で、抱えている問題に解決策を見いだせる**のも、水瓶座の新月の力です。

あなたの中に眠るユーモアのセンスや独創的なアイデアを、水瓶座の新月は刺激します。あらゆる種類の創作に自由な発想をもたらし、実験的な試みを応援します。さらに、最新テクノロジーと呼ばれるものと、この新月は親和性があります。**最新機器を使って新しい可能性を見いだしたいとき**にも、水瓶座の新月はあなたの手助けをしてくれるでしょう。

水瓶座は博愛精神に満ちた星座です。恋愛において、嫉妬や独占欲にがんじがらめになったときにも、この新月は力を貸してくれます。**恋の妄執から覚醒させ、相手の自由を尊重できるようになる**でしょう。水瓶座の愛は、友愛もしくは同志愛に近く、男女の恋愛を超越しているからです。この日は、人間そのものへの興味や好奇心が高まります。自分と異なる意見を持つ人とも、わだかまりなくつきあえるので、**新しい友達をつくるのにも最適**です。

水瓶座の新月のもとでは、自由な魂の飛翔が感じられます。**価値観を共有する人々と、精神的につながる喜びを味わいたい日**です。

水瓶座の新月のアファメーション＆実践プラン

ここでは水瓶座に新月があるときにするアファメーションの例と、この日に行うと他の星座の新月のときよりもスムーズにことが運ぶ実践プランを具体的にあげていきます。

人間関係

●アファメーション

博愛精神を持てるようになりたい

私に刺激を与えてくれる友達と出会わせてください

意見の違いに寛容な自分でありたい

●実践プラン

インターネット上のコミュニティーに参加する

友達と一緒に、今までしたことがないことをやってみる

仕事

●アファメーション

権威に屈しない私でありたい

すばらしいアイデアがひらめきますように

●実践プラン

仕事に関する最先端の知識・トレンドについて調べる

能率を高めるためにできることを同僚と話し合い、実行に移す

フリーランスで仕事を始めるためのアクションを起こす

ここでは水瓶座に新月があるときにするアファメーションの例と、この日に行うと他の星座の新月のときよりもスムーズにことが運ぶ実践プランを具体的にあげていきます。

人生・生活

●アファメーション

既成概念にとらわれない私になりたい

人生がガラリと変わるキッカケを与えてください

●実践プラン

あらかじめ予定を決めずに行動する

他人と違う自分の個性について考えてみる

環境問題に関心を持ち、同好の士を探す

恋愛

●アファメーション

私のことを本当に理解してくれる相手と出会いたい

それぞれの世界を大事にしながらつきあっていける関係を築きたい

独占欲が消えてなくなりますように

●実践プラン

周りにいる異性の友達を恋人候補として改めてチェックしてみる

遊びの計画に好きな人を誘う

ここでは水瓶座に新月があるときにするアファメーションの例と、この日に行うと他の星座の新月のときよりもスムーズにことが運ぶ実践プランを具体的にあげていきます。

健康

●アファメーション

健康に悪い生活習慣を断ち切りたい

体が発するサインを敏感に感じ取れるようになりたい

私の体にぴったりの代替療法が見つかりますように

●実践プラン

新しい〝気づき〟を与えてくれるグループセラピーの場を探す

自分なりの健康法を独自に編み出してみる

趣味・学問・娯楽

●アファメーション

興味を感じたら、即、行動を起こせる自分でありたい

趣味や勉強においても自分独自の個性や独創性を発揮できますように

最新のテクノロジーが使いこなせる私になりたい

●実践プラン

今まで行ったことがない、やったことがないレジャーを楽しむ

スーパーレアな習いごとを始める

水瓶座の新月の願い

新月の日：　　　　年　　月　　日　　　時　　分

記 入 日：　　　　年　　月　　日

半年後の同じ星座の満月の日に、書き込んだ願いごとの経過を検証して、必要なら軌道修正しましょう。

水瓶座の満月の日：　　　　年　　月　　日

水瓶座の満月の時期

7月23日頃〜8月22日頃

願いをかなえるために使いたい水瓶座の満月パワー

新月にした願いごとはかないましたか？
かなった方もいるでしょう。
もしもそうでないならば、
ここでは満月のパワーを使って
軌道修正を行います。

水瓶座の満月の提案

○偏屈なところを改める
○屁理屈をこねて抵抗しない
○お金や現実をおろそかにしない
○他者と深い心の絆を結ぶ
○自分の中にある欲望を否定しない
○協調性を持つ
○物事をすぐに諦めない

水瓶座の満月時に気をつけるべきこと

水瓶座の満月は、夏も盛りの7月23日以降、8月22日頃までに起こります。水瓶座の新月に始めたプロジェクトから、ちょうど半年が過ぎました。満月には物事を結実させる力があります。水瓶座の新月時に願いをかけたプランが、軌道に乗ってきたのを実感する人もいるでしょう。新月の願いが成就する方向に進んでいる場合は、迷わず前進してください。

満月のときはエネルギーのレベルが高まり、厄介なことも起こりやすくなります。なぜなら満月は月が最高潮に満ち、よくも悪くも結果がはっきりと表れる時期だからです。水瓶座の新月に始めたプランがあまりうまくいっていない場合は、ここで再検討やバランス調整を行うとよいでしょう。

水瓶座の新月には、どの新月よりも停滞した状況を劇的に変化させるパワーがあり、あなたの中にある「自分自身を変えたい」という願望をかなえる手助けをしてくれました。どこから手をつけてよいか途方に暮れるような懸案事項に対しても、まるで

「目からウロコ」が落ちるような、飛躍的なアイデアを授けてもくれました。

しかし**「よいことをしている」と信じて動いた結果、予想外に周りとの軋轢《あつれき》が生じてしまったことはないか。また、「人と同じことをしたくない」という偏屈さに支配されて、自分自身がよりよく変われるチャンスを、みすみす逃してきたことはないか。**

水瓶座の満月時には、この半年を振り返り、真に夢をかなえるための微調整を行うとよいでしょう。

また、水瓶座の満月のときは、いつも以上に理想に燃え、何か社会的に意義のある活動に従事したくなります。その結果、目の前の現実やお金の問題がすっぽり頭から抜け落ちてしまうことも。

恋愛面でも相手との理想的な関係を模索して、自分の中にある欲求を無意識に押し殺してしまう傾向があります。物事に執着を持つことがあたかも罪悪であるかのように感じられ、他人と深くコミットすることをためらい、簡単に物事を諦めてしまったりもするのです。

確かに水瓶座の新月は、あなたに自由な精神やすばらしいインスピレーションを授けてくれました。しかしこの満月は、**それをもっと身近なレベルで活用するように促**

しています。

水瓶座の満月は、あなたが成長するための試練を授け、夢をかなえる手助けをしてくれるでしょう。

魚座の新月の時期

☽2月19日頃〜3月20日頃

願いをかなえる
魚座の新月パワー

魚座の新月の特徴

- 感受性豊か
- 霊感（インスピレーション）
- 慈悲の心を持つ
- ロマンティック
- 幻想的
- 受容性に富む
- 包容力がある
- 自己犠牲精神
- 純粋
- 芸術性
- デリケート
- 無条件の愛
- 積極的現実逃避
- 清濁併せ呑む
- 抽象的なものを把握する能力
- 人の悩みを聞く才能
- 恍惚（エクスタシー）状態
- 超然としている
- 信仰心に篤い

愛の喜びを受け取れる魚座の新月

魚座の季節は、2月19日頃に始まります。春の訪れまではしばらく時間がかかりますが、意識を敏感に保てばかすかな予兆のようなものを感じるはずです。魚座は黄道《こうどう》12宮最後の星座であり、すべての生命がその源に帰ることを象徴しています。何かが新しく生まれる直前の状態を表すので、無意識の声に耳を傾けるようにしてください。

魚座の新月は2月19日以降、春分までの間に起こります。この新月は、現実的なことを取り扱うよりも、精神的（スピリチュアル）な事柄を得意とします。**精神的に浄化されたい、魂の質を高めたいという衝動が起こり、精神世界に心が惹きつけられる**でしょう。ヨガや瞑想などを通じて、大いなる世界とつながることができます。

と同時に、虐げられている人々に対する同情心も高まります。自己犠牲精神を発揮して、援助を求める人々に救いの手を差し延べてください。魚座の新月は、あなたにすばらしい受容性や包容力を授けるので、**人の気持ちを理解する共感能力を発揮できる**はずです。治療者《ヒーラー》としての才能を磨くよい時期です。

また、**あらゆる種類の芸術家に魚座の新月はインスピレーションをもたらします。**この月は、抽象的なものを理解する才能を開花させます。とりわけ**絵画や写真、映画、そして音楽やダンスに関する創造活動を、魚座の新月は後押ししてくれる**でしょう。

魚座の新月はとてもロマンティックです。いつも以上に愛する人と同化したい、という気持ちが高まります。**自分の気持ちに素直に従うことで、何ものにも代えがたい愛の喜びを感じることができる**でしょう。魚座は〝理想の愛〟を司り、愛によって宗教的な恍惚感に達することができます。魚座の新月のすばらしい点は、好きな人を癒し、その罪を赦《ゆる》すことができることでしょう。この新月には、**愛のために個人的なエゴを捨てさせる力**があります。

魚座の新月には、**祈りのパワー**のようなものが秘められています。現在抱えている問題に対しても、論理的な解決とは違う形で運命を大きく変えうる力が存在します。この日には、**理不尽な目にあってもそれを赦す包容力**を持つようにしてください。身の周りの人を、そして世界をも癒す力を、魚座の新月は持っています。

ここでは魚座に新月があるときにするアファメーションの例と、この日に行うと他の星座の新月のときよりもスムーズにことが運ぶ実践プランを具体的にあげていきます。

人間関係

●アファメーション

いつでも相手の立場や気持ちを考えて行動できる私になりたい

豊かな感情表現の方法が身につきますように

素直に人に甘えられる自分でありたい

●実践プラン

ダメな部分も含めた自分自身を肯定する

自分がしてもらったことに、感謝の気持ちを表現する習慣を身につける

仕事

●アファメーション

人のためになる仕事で成功を収めたい

人の失敗やミスにやさしい私でありたい

困ったことがあったら、すぐ「助けてほしい」といえる仕事仲間を与えてください

●実践プラン

みんなが嫌がる仕事を率先して引き受ける

人にお願いした仕事は、相手を信用して最後までまかせきる

ここでは魚座に新月があるときにするアファメーションの例と、この日に行うと他の星座の新月のときよりもスムーズにことが運ぶ実践プランを具体的にあげていきます。

人生・生活

●アファメーション

清らかな魂を授けてください

「すみません」ではなく「ありがとう」をきちんと口にできる私になりたい

一日1つ、ささやかな幸せ・喜びを見いだせる自分でありたい

●実践プラン

自分の内なる望みを知るために夢日記をつけ始める

世界人類の平和を願い、毎晩就寝前に祈りを捧げる

恋愛

●アファメーション

恋のインスピレーションを授けてください

欠点も含めて、相手を丸ごと愛せる私でありたい

好きな人を癒してあげられる自分になりたい

●実践プラン

幸せな結婚生活を送る自分を、細部まで具体的に想像する

好きな人に、ちょっとしたお願いごとをする

ここでは魚座に新月があるときにするアファメーションの例と、この日に行うと他の星座の新月のときよりもスムーズにことが運ぶ実践プランを具体的にあげていきます。

健康

●アファメーション

いつまでもみずみずしい肉体を保ち続けたい

もっと自己治癒能力が高まりますように

尊敬できるヨガや気功の先生と出会わせてください

●実践プラン

コーチングセラピーを受ける

新陳代謝を促進するために、水分をたっぷり摂る生活習慣を持つ

趣味・学問・娯楽

●アファメーション

芸術的センスを身につけたい

すばらしいインスピレーションを与えてくれる、スピリチュアルな場所と出合いたい

●実践プラン

自分にできる範囲でボランティア活動に参加する

占いの勉強を始める

ロマンティックな気分に浸れる映画・音楽・文学に触れる機会を増やす

魚座の新月の願い

新月の日：　　　　　年　　月　　日　　　時　　分

記 入 日：　　　　　年　　月　　日

半年後の同じ星座の満月の日に、書き込んだ願いごとの経過を検証して、必要なら軌道修正しましょう。

魚座の満月の日：　　　　年　　月　　日

魚座の満月の時期

8月23日頃〜9月23日頃

願いをかなえるために使いたい
魚座の満月パワー

新月にした願いごとはかないましたか？
かなった方もいるでしょう。
もしもそうでないならば、
ここでは満月のパワーを使って
軌道修正を行います。

魚座の満月の提案

○感傷的になり過ぎる点を改める
○物事や人間関係を曖昧にしない
○意志が弱く状況に流されやすい
　ところを改める
○自己陶酔をやめる
○現実逃避傾向を改める
○「だれかのために」という
　発想をやめる
○お金にルーズなところを改善する

魚座の満月時に気をつけるべきこと

夏も終わりに近づいた8月23日以降、秋分の日までに魚座の満月は起こります。春分を迎える前の魚座の新月から、ちょうど半年を経て、新月に始めたプロジェクトにもそれなりの成果が表れる頃です。満月には物事を成就させる力があります。魚座の新月に思いついたアイデアに勝算がありそうなら、そのまま前進しましょう。

「魚座の新月の願いごと」があまりうまくいっていないと感じる場合は、問題点を突き止め、軌道修正を行う必要があります。満月には、よくも悪くも物事をはっきりさせる力があるからです。

魚座の新月の得意分野は、ロマンスや精神世界に関すること、またインスピレーションを必要とするアートの分野などでした。しかしこの新月は両刃の剣で、類まれな想像力をあなたに授ける一方で、自我を消滅させ、現実対処能力を弱める働きがあるのです。

どの新月よりも、夢を見る力が強いので、この新月のもとで恋の成就を願った人は多いでしょう。またスピリチュアルな世界に心惹かれて、魂を癒してくれるワークなどに没頭した人もいるはずです。

しかし**「愛する人のため」という大義名分を振りかざし、実は自分のエゴを正当化しようとしなかったか。精神世界や芸術的な分野にのめり込みすぎて現実感覚を失い、生活がルーズになったりして、今までの人間関係に軋轢《あつれき》が生じたことはなかったか。**

満月の期間は、この半年を振り返り、「魚座の新月の願い」が成就するために必要な微調整を行うとよいでしょう。

また魚座の満月のときは、いつも以上に心がデリケートになり、不幸なふりをした人につけ込まれやすくなります。また自分にも甘くなりがちで、せっかく努力を重ねてきたプロジェクトを途中で断念したり、放棄したりしかねません。この満月には、神秘的なインスピレーションを増幅させるパワーがありますが、それを現実逃避の方向ではなく、地に足のついた形で活用するようにしなければ、新月時のプランの成功は遠のいてしまいます。

確かに魚座の新月はあなたに、人を愛するすばらしさや治癒《ヒーリング》能力を授けましたが、それをまっとうするには**健全な日常生活を送ることが必要不可欠**です。

この満月は、**現実生活をおろそかにせずに、想像力を働かせて夢をかなえよ**とあなたを促しています。

魚座の満月が与える試練をしかと受け止めて、いま一度、夢に向かって前進してください。

エピローグ

月に関する事柄を本にしてみようと思ったのは、サハラ砂漠の西に沈む夕日と、東の地平線に昇る満月を同時に見た瞬間のことです。右手に太陽、左手に満月！　今でも目をつぶると、その不思議な光景とそのとき味わった感動が甦ってきます。

都会で暮らしていると、月を眺める余裕もないまま、日々が過ぎていきます。10年くらい前からでしょうか。「占星術が発展してきた土地に身を置き、もっとリアルに太陽や月、天体を眺めてみたい」という気持ちが芽生え、地中海及び中東近辺を旅して回るようになったのです。そしてモロッコにあるアルジェリア国境近くのサハラ砂漠にしばらく滞在し、毎日の月の運行を眺めるうちに、世界中で、そしてかつて日本でも使われてきた月の暦に興味を持つに至りました。

それからというもの、プロローグでも述べましたが、毎年秋には月の満ち欠けを記した手帳、『ＭＯＯＮ ＢＯＯＫ』を出版し続けています。それが毎年版を重ねてこられたのは、月という身近にありながら、未だ神秘のベールに包まれた天体に心惹かれる人々が多く存在しているからでしょう。そして月のリズムで生活を営む楽しさに目覚めた人々が、静かに増えているように思います。

　月の満ち欠け手帳を作るに際し私がめざしたのは、16〜17世紀に流行したとされる大衆向けの占星暦です。この暦には、月の相《そう》に合わせて生活を律していく術《すべ》が書かれていたといいます。

　ヨーロッパには昔から、月の満ち欠けを食事や体のケア、植物の種まきなどに用いる言い伝えがあり、その科学的根拠はさておき、現在においても親しまれています。合理性や便利さを追求する現代生活に、月という鈎《フック》を使って、心の中にもうひとつの豊かな時間や生活リズムを持つ。それは**自分自身の人生を、もっと積極的に創造していこうとする試みにも通じます。**

　本書は、一般に知られている三日月や上弦の月、満月といった月の位相の中で最もパワフルな力があるとされる新月を使って、夢や願望を実現していこうとするものです。月の暦によると新月は常にその月の1日となり、物事の始まりを象徴しています。

さらに占星術に古くから伝わる説でも、新月を植物の成長になぞらえて「種」とみなし、新月に願いごとの「種」をまくと、それがかないやすいとされているのです。私がかつて占星術を学んだイギリスやアメリカでは、90年代以降、〝新月のアファメーション〟が静かなブームになっています。辞書を引くと、Affirmation には「断言、肯定」とあるように、これは自分の願いを新月という特別な日に宣言し、自分の潜在能力を信じながら、夢を実現していく方法です。

しかし正直いって、本書の「夢をかなえる」というテーマについて、何のためらいもなく筆が進んだわけではないのです。なぜなら、長年占星術を研究してきて、私はそのイメージの豊かさや深遠さに魅了され続けているし、人間観察の道具（ツール）としての効果なども実感する一方で、占い全般の持つ、自我を肥大させる危うさなども熟知しているからです。占いに振り回されてしまう人々も見てきました。

本書を書き始めるにあたって、私は核となる基本的姿勢をどこに持っていくか悩んでいたところで、ある新聞記事が目にとまりました。それは映像論をはじめ数々の著作がある吉田直哉氏による、『社会生活を見つめる29の「関門」』という題の記事でした。

その中で彼は、新年を月の満ち欠けをもとにした旧暦カレンダーで過ごしてみることにしたといい、さらにアルゼンチンの文豪ボルヘスが旧暦（二十四節気）に興味があり「暦と社会生活がバラバラにならないよう、メディアは監視する役割がある」という独自の理論を持っていたことを回想していました。ボルヘスは、24の節気に5つの節句（人日《じんじつ》の節句、上巳《じょうし》の節句（ひな祭り）、端午《たんご》の節句、七夕《しちせき》の節句、重陽《ちょうよう》の節句）を加えた「29の関門」を生活に取り入れることを提唱していたというのが、とても興味深く説明されていました。

その記事のおかげで、私は本書を書き始めるきっかけがつかめました。ボルヘスが興味を持った旧暦も、月の運行をもとに作られています。本書の、1年に約12回訪れる新月を、ある意味で自分自身を監視する「関門」とし、日々の生活に埋もれてしまいがちな、心の中にある「願い」や「夢」を、月のリズムに同調させながら実現していこうとするコンセプトは、図らずもボルヘスの類まれな想像力にヒントを得て、明確になったのです。

「月が私の願いをかなえてくれますように」と祈りながら、毎月の新月に「なりたい私」の姿を紙に書き記す。これはある意味、半分はスピリチュアリズムでいて、残りの半分は〝レコーディング・ダイエット〟にも近い感覚かもしれません。大人になり、苦い現実も知ってしまった私たちには、今こそ日常の合理的な世界観に揺さぶりをかける不思議な魔法の力が必要なのだと思います。月のリズムをうまく使って、自分の人生を肯定的にデザインしていく。そんな願いを込めて、本書のタイトルをシンプルに『ムーン・マジック』と決めました。

カレンダーから新月を割り出して「願いごと」を紙に記していく作業は、あなたがよりよく変わるきっかけをつくってくれます。自分の内なる願いに気づき、心をその願いに向けてフォーカスすれば、夢に向かって確実に一歩ずつ歩いていくことになるのです。その過程で思わぬ障害物に出合ったり、自分の中にひそむネガティブな考えや感情、トラウマなどに気づかされたりもするでしょう。それこそあなたが人生で乗り越えるべき課題です。

著者である私の経験から、ひとつ面白いエピソードを書き記しておきましょう。冒頭に記したように、この10年余り、私は幾度となくモロッコの砂漠に足を運び、月を観るというプロジェクトを繰り返してきました。その過程で、モロッコに関する自分の夢、「女性誌でモロッコ特集を作る」「サハラ砂漠に月を観に行くツアーを成功させる」を、時間をかけて実現させてきました。ところがこの数年で、かなわなかった夢もあるのです。

それは「マラケシュ郊外にあるオリーブ畑を買う」というもの。この願いに関して、実に注意深く「所有」や「土地」に関わる牡牛座の新月を選び、紙に願いを書き記したものです。当時、マラケシュ郊外では、1ヘクタールという広大な土地でも、東京にマンションを買う5分の1程度で購入できたからです。

マラケシュ在住の友人と半々で資金を出し合うことにして、意気揚々と土地を探しに行きました。確かにオリーブ畑付きの土地はありましたが、権利書の問題、井戸の有無、地形、そして予想を上回る金額に決断が鈍り、断念せざるを得なかったのです。その後、何度かいろんな土地を見たり、所有者に会ったりしましたが、思うような物件に巡り合えないまま、半年が過ぎました。

その間、私は自問自答を繰り返しました。

「私の願いは、本心からのものだろうか」と。

その年の11月に（本書にあるように、新月の願いを書いた約半年後の満月時でした）再びマラケシュを訪れ、郊外のオリーブ工場で、ロバが石臼をひいてオリーブを搾るという昔ながらの方法も経験しました。しかし現在ではオイルの品質を保つために、遠心分離法という機械搾りを導入している農家も多いということ。昔ながらの抽出方法は、オイルが汚れたり、搾った実が空気に触れる時間が長く、酸化も進みやすく品質は望めないということがわかってきたのです。

　自分の心の中をのぞいてみると、「〝自分のオリーブ畑でオリーブを搾る〟というイメージに根ざした、豊かな生活がしてみたい」というのが私の本音であるということも、おぼろげながら見えてきました。

　東京でいくつもの雑誌連載を抱えている私にとって、「オリーブ畑を買いたい」は、真の願いというより、現実逃避の手段だったのかもしれません。もしもっと本気だったら、抱えている仕事を手放してでも、土地探しに熱中したでしょう。実際にオリーブ搾りを経験したり、オリーブ畑を所有する友人に絞りたてのエクストラヴァージンオイルを分けてもらったりするうちに、「ＭＹ《マイ》オリーブ畑じゃなくてもいいのかも」と思うに至りました。

　そこから私は自分の夢に修正を加えることにしました。「マラケシュ郊外にオリーブ畑を買う」→「1年に数カ月はマラケシュで豊かな生活をする」というように。それが実ったのは、昨年のことです。

　オリーブ畑は手に入りませんでしたが、マラケシュの目抜き通りからすぐそばにある、バラの花が咲き乱れ、トマトがたわわに実る庭がある70平米のアパルトマンを所有する大家さんと知り合い、格安でそこを長期に借りることができたのです。数年前には悩みの種だったインターネットの問題も、Ｗｉ-Ｆｉの普及で解決し、抱えている雑誌連載を手放すことなく、月を眺めて暮らす豊かな生活を手に入れたのです。

　後日談ですが、私が「オリーブ畑が欲しい」と願いを書き、実際に土地を探しに行った年は、近年でユーロが最高値をつけ、あの年に無理をして土地を購入していたら、今頃はかなりの損失を被っていたはずです。このように**あなたの夢も、自分の心と対話をするうちに、少しずつ軌道修正されていくかもしれません。**

　太古の昔から繰り返される人間の営みを、月はずっと見守ってきました。**夢をかなえる途中で心がくじけそうになったら、夜空を見上げてください。**その昔、暗闇を旅する人々にとって、月は足元を照らし、また行くべき道筋を指し示す心強い存在だったのでしょう。巷に氾濫する情報や複雑な人間関係に翻弄される現代に生きる私たちにとっても、月はその不思議な力で私たちが切望してやまない夢のゴールへと導いてくれます。

夜空に月を発見する瞬間は、日常の意識からどこか別の次元へとワープする瞬間です。そのとき私たちの心には小さな明かりが灯ります。それは生きていく上で、決して失くしてはいけない〝希望の光〟なのだと思います。

本書を書くきっかけをつくってくれた盟友、武居瞳子さん。いつも本当にありがとう。また、本書の執筆中に絶妙なアファメーションの文句を考え、私を唸らせた家人のユーモアのセンスにも。彼が旧暦七夕の日に書いた「読者の善き願いがかないますように」との短冊は、今も我が家の観葉植物に結びつけられています。不思議な出会いが、本書を完成させるに至りました。長年の友人、桜田明子さんがＫＫベストセラーズの書籍編集者、髙場実乃さんに引き合わせてくれました。髙場さんは牡羊座らしいシャープさと率直さで本書の出版を快諾してくださり、勇気と知恵を絞って、本書を完成へと導いてくれました。ここに感謝の言葉を捧げます。

そして本書が、夢や希望を持てないようなつらい状況に陥りそこから抜け出せない人々にも、一筋の月の光となって、その本来の夢や目的に気づくきっかけとなりますように。

２０１１年３月

世界を、そしてあなたの魂を癒《いや》す星カイロンが、魚座入りした月に。

岡本翔子

●新月○満月早見表

たとえば、
２０１１年の天秤座（♎）の新月は、
２０１１年の表を見ると、
9月27日♎20：10とあるので、
9月27日の午後8時10分だとわかります。
天秤座の新月時に願いごとをした
その半年後は、
願いごとを検証する時期に当たります。
半年後の２０１２年の満月表から天秤座
（♎）で満月となる時期を探します。
すると、２０１２年４月７日♎04：19に
天秤座マーク（♎）があるので、
２０１２年４月７日の午前４時19分に
天秤座で満月が起こることがわかります。

＊

本書の新月・満月のデータは、
グリニッジ標準時のデータを日本の標準時に修正したものです。

♈…牡羊座　♉…牡牛座　♊…双子座　♋…蟹座　♌…獅子座　♍…乙女座
♎…天秤座　♏…蠍座　♐…射手座　♑…山羊座　♒…水瓶座　♓…魚座

2015	2016	2017	2018
1月20日♒22：15	1月10日♑10：31	1月28日♒09：08	1月17日♑11：18
2月19日♒08：48	2月 8日♒23：40	2月26日♓23：59	2月16日♒06：07
3月20日♓18：37	3月 9日♓10：56	3月28日♈11：59	3月17日♓22：12
4月19日♈03：58	4月 7日♈20：24	4月26日♉21：17	4月16日♈10：58
5月18日♉13：15	5月 7日♉04：30	5月26日♊04：45	5月15日♉20：49
6月16日♊23：06	6月 5日♊12：01	6月24日♋11：32	6月14日♊04：44
7月16日♋10：25	7月 4日♋20：02	7月23日♌18：47	7月13日♋11：48
8月14日♌23：55	8月 3日♌05：45	8月22日♌03：31	8月11日♌18：59
9月13日♍15：42	9月 1日♍18：04	9月20日♍14：30	9月10日♍03：02
10月13日♎09：06	10月 1日♎09：13	10月20日♎04：13	10月 9日♎12：47
11月12日♏02：49	10月31日♏02：39	11月18日♏20：43	11月 8日♏01：03
12月11日♐19：30	11月29日♐21：19	12月18日♐15：32	12月 7日♐16：22
	12月29日♑15：55		

2015	2016	2017	2018
1月 5日♋13：53	1月24日♌10：46	1月12日♋20：34	1月 2日♋11：24
2月 4日♌08：09	2月23日♍03：20	2月11日♌09：33	1月31日♌22：27
3月 6日♍03：07	3月23日♎21：01	3月12日♍23：54	3月 2日♍09：52
4月 4日♎21：06	4月22日♏14：24	4月11日♎15：08	3月31日♎21：37
5月 4日♏12：42	5月22日♐06：16	5月11日♏06：43	4月30日♏09：58
6月 3日♐01：19	6月20日♐20：02	6月 9日♐22：10	5月29日♐23：20
7月 2日♑11：20	7月20日♑07：57	7月 9日♑13：07	6月28日♑13：53
7月31日♒19：43	8月18日♒18：27	8月 8日♒03：11	7月28日♒05：20
8月30日♓03：35	9月17日♓04：05	9月 6日♓16：03	8月26日♓20：56
9月28日♈11：51	10月16日♈13：23	10月 6日♈03：40	9月25日♈11：54
10月27日♉21：05	11月14日♉22：52	11月 4日♉14：23	10月25日♉01：45
11月26日♊07：44	12月14日♊09：06	12月 4日♊00：47	11月23日♊14：39
12月25日♋20：12			12月23日♋02：49

●新月

2011	2012	2013	2014
1月 4日♑18：03	1月23日♒16：41	1月12日♑04：44	1月 1日♑20：15
2月 3日♒11：31	2月22日♓07：35	2月10日♒16：21	1月31日♒06：39
3月 5日♓05：47	3月22日♈23：38	3月12日♓04：52	3月 1日♓17：00
4月 3日♈23：33	4月21日♉16：20	4月10日♈18：36	3月31日♈03：46
5月 3日♉15：51	5月21日♊08：48	5月10日♉09：29	4月29日♉15：15
6月 2日♊06：03	6月20日♊00：02	6月 9日♊00：58	5月29日♊03：40
7月 1日♋17：55	7月19日♋13：25	7月 8日♋16：15	6月27日♋17：10
7月31日♌03：40	8月18日♌00：56	8月 7日♌06：51	7月27日♌07：43
8月29日♍12：04	9月16日♍11：11	9月 5日♍20：38	8月25日♍23：13
9月27日♎20：10	10月15日♎21：03	10月 5日♎09：35	9月24日♎15：15
10月27日♏04：57	11月14日♏07：09	11月 3日♏21：50	10月24日♏06：58
11月25日♐15：10	12月13日♐17：42	12月 3日♐09：23	11月22日♐21：33
12月25日♑03：07			12月22日♑10：36

○満月

2011	2012	2013	2014
1月20日♋06：21	1月 9日♋16：30	1月27日♌13：38	1月16日♋13：52
2月18日♌17：37	2月 8日♌06：54	2月26日♍05：26	2月15日♌08：53
3月20日♍03：10	3月 8日♍18：41	3月27日♎18：27	3月17日♍02：08
4月18日♎11：44	4月 7日♎04：19	4月26日♏04：57	4月15日♎16：42
5月17日♏20：09	5月 6日♏12：35	5月25日♐13：25	5月15日♏04：16
6月16日♐05：14	6月 4日♐20：12	6月23日♑20：32	6月13日♐13：13
7月15日♑15：40	7月 4日♑03：52	7月23日♒03：16	7月12日♑20：25
8月14日♒03：58	8月 2日♒12：28	8月21日♒10：45	8月11日♒03：10
9月12日♓18：27	8月31日♓22：58	9月19日♓20：13	9月 9日♓10：38
10月12日♈11：06	9月30日♈12：19	10月19日♈08：38	10月 8日♈19：52
11月11日♉05：16	10月30日♉04：51	11月18日♉00：16	11月 7日♉07：23
12月10日♊23：36	11月28日♊23：46	12月17日♊18：28	12月 6日♊21：27
	12月28日♋19：21		

♈…牡羊座　♉…牡牛座　♊…双子座　♋…蟹座　♌…獅子座　♍…乙女座
♎…天秤座　♏…蠍座　♐…射手座　♑…山羊座　♒…水瓶座　♓…魚座

2023	2024	2025	2026
1月22日♒05：55	1月11日♑20：58	1月29日♒21：36	1月19日♑04：53
2月20日♓16：07	2月10日♒08：00	2月28日♓09：46	2月17日♒21：02
3月22日♈02：24	3月10日♓18：02	3月29日♈19：59	3月19日♓10：24
4月20日♈13：14	4月 9日♈03：22	4月28日♉04：32	4月17日♈20：53
5月20日♉00：54	5月 8日♉12：23	5月27日♊12：03	5月17日♉05：03
6月18日♊13：37	6月 6日♊21：39	6月25日♋19：33	6月15日♊11：55
7月18日♋03：33	7月 6日♋07：58	7月25日♌04：12	7月14日♋18：44
8月16日♌18：39	8月 4日♌20：13	8月23日♍15：07	8月13日♌02：38
9月15日♍10：40	9月 3日♍10：57	9月22日♍04：55	9月11日♍12：28
10月15日♎02：56	10月 3日♎03：50	10月21日♎21：27	10月11日♎00：50
11月13日♏18：29	11月 1日♏21：48	11月20日♏15：48	11月 9日♏16：03
12月13日♐08：33	12月 1日♐15：23	12月20日♐10：44	12月 9日♐09：53
	12月31日♑07：28		

2023	2024	2025	2026
1月 7日♋08：08	1月26日♌02：54	1月14日♋07：27	1月 3日♋19：03
2月 6日♌03：30	2月24日♍21：32	2月12日♌22：55	2月 2日♌07：09
3月 7日♍21：42	3月25日♎16：00	3月14日♍15：56	3月 3日♍20：38
4月 6日♎13：35	4月24日♏08：49	4月13日♎09：22	4月 2日♎11：12
5月 6日♏02：34	5月23日♐22：53	5月13日♏01：56	5月 2日♏02：23
6月 4日♐12：43	6月22日♑10：08	6月11日♐16：44	5月31日♐17：45
7月 3日♑20：39	7月21日♑19：17	7月11日♑05：37	6月30日♑08：57
8月 2日♒03：32	8月20日♒03：26	8月 9日♒16：55	7月29日♒23：36
8月31日♓10：36	9月18日♓11：35	9月 8日♓03：09	8月28日♓13：20
9月29日♈18：58	10月17日♈20：28	10月 7日♈12：49	9月27日♈01：49
10月29日♉05：24	11月16日♉06：29	11月 5日♉22：19	10月26日♉13：13
11月27日♊18：16	12月15日♊18：02	12月 5日♊08：14	11月24日♊23：54
12月27日♋09：33			12月24日♋10：28

●新月

2019	2020	2021	2022
1月 6日♑10：29	1月25日♒06：43	1月13日♑14：01	1月 3日♑03：35
2月 5日♒06：04	2月24日♓00：32	2月12日♒04：07	2月 1日♒14：47
3月 7日♓01：05	3月24日♈18：29	3月13日♓19：22	3月 3日♓02：36
4月 5日♈17：51	4月23日♉11：27	4月12日♈11：31	4月 1日♈15：26
5月 5日♉07：46	5月23日♊02：39	5月12日♉04：01	5月 1日♉05：28
6月 3日♊19：03	6月21日♋15：42	6月10日♊19：54	5月30日♊20：31
7月 3日♋04：18	7月21日♋02：34	7月10日♋10：17	6月29日♋11：54
8月 1日♌12：12	8月19日♌11：42	8月 8日♌22：51	7月29日♌02：56
8月30日♍19：38	9月17日♍20：00	9月 7日♍09：53	8月27日♍17：17
9月29日♎03：28	10月17日♎04：32	10月 6日♎20：06	9月26日♎06：56
10月28日♏12：39	11月15日♏14：08	11月 5日♏06：15	10月25日♏19：50
11月27日♐00：06	12月15日♐01：17	12月 4日♐16：44	11月24日♐07：58
12月26日♑14：14			12月23日♑19：18

○満月

2019	2020	2021	2022
1月21日♌14：16	1月11日♋04：21	1月29日♌04：16	1月18日♋08：50
2月20日♍00：55	2月 9日♌16：33	2月27日♍17：17	2月17日♌01：58
3月21日♎10：43	3月10日♍02：49	3月29日♎03：48	3月18日♍16：18
4月19日♎20：12	4月 8日♎11：35	4月27日♏12：32	4月17日♎03：55
5月19日♏06：12	5月 7日♏19：45	5月26日♐20：14	5月16日♏13：14
6月17日♐17：31	6月 6日♐04：14	6月25日♑03：40	6月14日♐20：52
7月17日♑06：38	7月 5日♑13：46	7月24日♒11：37	7月14日♑03：38
8月15日♒21：29	8月 4日♒00：59	8月22日♒21：02	8月12日♒10：36
9月14日♓13：33	9月 2日♓14：22	9月21日♓08：55	9月10日♓18：59
10月14日♈06：08	10月 2日♈06：05	10月20日♈23：57	10月10日♈05：55
11月12日♉22：36	10月31日♉23：49	11月19日♉17：59	11月 8日♉20：02
12月12日♊14：12	11月30日♊18：30	12月19日♊13：37	12月 8日♊13：08
	12月30日♋12：28		

♈…牡羊座　♉…牡牛座　♊…双子座　♋…蟹座　♌…獅子座　♍…乙女座
♎…天秤座　♏…蠍座　♐…射手座　♑…山羊座　♒…水瓶座　♓…魚座

2031	2032	2033	2034
1月23日♒13：32	1月13日♑05：07	1月 1日♑19：18	1月20日♒19：03
2月22日♓00：50	2月11日♒15：26	1月31日♒07：00	2月19日♓08：11
3月23日♈12：50	3月12日♓01：26	3月 1日♓17：25	3月20日♓19：16
4月22日♉01：59	4月10日♈11：40	3月31日♈02：53	4月19日♈04：28
5月21日♊16：18	5月 9日♉22：37	4月29日♉11：47	5月18日♉12：14
6月20日♊07：25	6月 8日♊10：33	5月28日♊20：37	6月16日♊19：27
7月19日♋22：42	7月 7日♋23：42	6月27日♋06：08	7月16日♋03：16
8月18日♌13：34	8月 6日♌14：12	7月26日♌17：14	8月14日♌12：54
9月17日♍03：47	9月 5日♍05：58	8月25日♍06：40	9月13日♍01：15
10月16日♎17：22	10月 4日♎22：27	9月23日♎22：41	10月12日♎16：33
11月15日♏06：11	11月 3日♏14：46	10月23日♏16：30	11月11日♏10：18
12月14日♐18：07	12月 3日♐05：54	11月22日♐10：40	12月11日♐05：15
		12月22日♑03：48	

2031	2032	2033	2034
1月 9日♋03：26	1月27日♌21：54	1月15日♋22：07	1月 5日♋04：47
2月 7日♌21：46	2月26日♍16：43	2月14日♌16：04	2月 3日♌19：05
3月 9日♍13：30	3月27日♎09：46	3月16日♍10：39	3月 5日♍11：10
4月 8日♎02：21	4月26日♏00：10	4月15日♎04：19	4月 4日♎04：19
5月 7日♏12：40	5月25日♐11：37	5月14日♏19：43	5月 3日♏21：16
6月 5日♐21：00	6月23日♑20：34	6月13日♐08：19	6月 2日♐12：54
7月 5日♑04：01	7月23日♒03：52	7月12日♑18：30	7月 2日♑02：46
8月 3日♒10：46	8月21日♒10：47	8月11日♒03：08	7月31日♒14：56
9月 1日♓18：21	9月19日♓18：30	9月 9日♓11：21	8月30日♓01：49
10月 1日♈03：58	10月19日♈03：58	10月 8日♈19：58	9月28日♈11：57
10月30日♉16：33	11月17日♉15：42	11月 7日♉05：32	10月27日♉21：44
11月29日♊08：20	12月17日♊05：49	12月 6日♊16：22	11月26日♊07：32
12月29日♋02：33			12月25日♋17：55

●新月

2027	2028	2029	2030
1月　8日♑05：25	1月27日♒00：13	1月15日♑02：25	1月　4日♑11：50
2月　7日♒00：57	2月25日♓19：38	2月13日♒19：33	2月　3日♒01：08
3月　8日♓18：31	3月26日♈13：33	3月15日♓13：20	3月　4日♓15：36
4月　7日♈08：52	4月25日♉04：48	4月14日♈06：41	4月　3日♈07：04
5月　6日♉19：59	5月24日♊17：17	5月13日♉22：44	5月　2日♉23：12
6月　5日♊04：42	6月23日♋03：29	6月12日♊12：52	6月　1日♊15：22
7月　4日♋12：03	7月22日♋12：03	7月12日♋00：52	7月　1日♋06：36
8月　2日♌19：06	8月20日♌19：45	8月10日♌10：57	7月30日♌20：12
9月　1日♍02：42	9月19日♍03：24	9月　8日♍19：46	8月29日♍08：08
9月30日♎11：37	10月18日♎11：58	10月　8日♎04：15	9月27日♎18：56
10月29日♏22：37	11月16日♏22：19	11月　6日♏13：25	10月27日♏05：18
11月28日♐12：25	12月16日♐11：07	12月　5日♐23：53	11月25日♐15：47
12月28日♑05：13			12月25日♑02：33

○満月

2027	2028	2029	2030
1月22日♌21：19	1月12日♋13：03	1月　1日♋01：50	1月20日♋00：54
2月21日♍08：25	2月11日♌00：05	1月30日♌15：05	2月18日♌15：20
3月22日♎19：44	3月11日♍10：06	3月　1日♍02：10	3月20日♍02：58
4月21日♏07：27	4月　9日♎19：28	3月30日♎11：28	4月18日♎12：20
5月20日♏19：59	5月　9日♏04：49	4月28日♏19：37	5月17日♏20：19
6月19日♐09：46	6月　7日♐15：09	5月28日♐03：38	6月16日♐03：41
7月19日♑00：45	7月　7日♑03：11	6月26日♑12：24	7月15日♑11：12
8月17日♒16：29	8月　5日♒17：10	7月25日♒22：36	8月13日♒19：46
9月16日♓08：05	9月　4日♓08：49	8月24日♓10：51	9月12日♓06：18
10月15日♈22：47	10月　4日♈01：25	9月23日♓01：29	10月11日♈19：47
11月14日♉12：26	11月　2日♉18：19	10月22日♈18：29	11月10日♉12：30
12月14日♊01：09	12月　2日♊10：40	11月21日♉13：03	12月10日♊07：42
		12月21日♊07：48	

♈…牡羊座　♉…牡牛座　♊…双子座　♋…蟹座　♌…獅子座　♍…乙女座
♎…天秤座　♏…蠍座　♐…射手座　♑…山羊座　♒…水瓶座　♓…魚座

2039	2040	2041	2042
1月24日♒22：38	1月14日♑12：26	1月　3日♑04：09	1月22日♒05：43
2月23日♓12：18	2月12日♒23：26	2月　1日♒14：44	2月20日♓16：40
3月25日♈03：01	3月13日♓10：47	3月　3日♓00：41	3月22日♈02：24
4月23日♉18：36	4月11日♈23：01	4月　1日♈10：31	4月20日♉11：21
5月23日♊10：39	5月11日♉12：29	4月30日♉20：47	5月19日♉19：56
6月22日♋02：22	6月10日♊03：04	5月30日♊07：57	6月18日♊04：49
7月21日♋16：56	7月　9日♋18：15	6月28日♋20：18	7月17日♋14：53
8月20日♌05：51	8月　8日♌09：28	7月28日♌10：03	8月16日♌03：03
9月18日♍17：23	9月　7日♍00：15	8月27日♍01：17	9月14日♍17：51
10月18日♎04：10	10月　6日♎14：26	9月25日♎17：43	10月14日♎11：04
11月16日♏14：47	11月　5日♏03：57	10月25日♏10：32	11月13日♏05：30
12月16日♐01：33	12月　4日♐16：35	11月24日♐02：37	12月12日♐23：31
		12月23日♑17：08	

2039	2040	2041	2042
1月10日♋20：47	1月29日♌16：56	1月17日♋16：13	1月　6日♋17：54
2月　9日♌12：39	2月28日♍10：01	2月16日♌11：21	2月　5日♌10：58
3月11日♍01：35	3月29日♎00：12	3月18日♍05：19	3月　7日♍05：10
4月　9日♎11：53	4月27日♏11：38	4月16日♎21：01	4月　5日♎23：16
5月　8日♏20：20	5月26日♐20：47	5月16日♏09：54	5月　5日♏15：50
6月　7日♐03：48	6月25日♑04：19	6月14日♐19：59	6月　4日♐05：48
7月　6日♑11：04	7月24日♒11：06	7月14日♑04：01	7月　3日♑17：11
8月　4日♒18：57	8月22日♒18：10	8月12日♒11：05	8月　2日♒02：33
9月　3日♓04：24	9月21日♓02：43	9月10日♓18：24	8月31日♓11：04
10月　2日♈16：25	10月20日♈13：50	10月10日♈03：03	9月29日♈19：34
11月　1日♉07：36	11月19日♉04：06	11月　8日♉13：45	10月29日♉04：50
12月　1日♊01：51	12月18日♊21：16	12月　8日♊02：42	11月27日♊15：06
12月30日♋21：39			12月27日♋02：43

●新月

2035	2036	2037	2038
1月10日♑00：04	1月28日♒19：18	1月16日♑18：36	1月 5日♑22：42
2月 8日♒17：24	2月27日♓14：00	2月15日♒13：56	2月 4日♒14：53
3月10日♓08：11	3月28日♈05：58	3月17日♓08：37	3月 6日♓08：17
4月 8日♈19：59	4月26日♉18：34	4月16日♈01：09	4月 5日♈01：44
5月 8日♉05：05	5月26日♊04：18	5月15日♉14：56	5月 4日♉18：20
6月 6日♊12：22	6月24日♋12：11	6月14日♊02：11	6月 3日♊09：26
7月 5日♋19：00	7月23日♌19：18	7月13日♋11：33	7月 2日♋22：34
8月 4日♌02：12	8月22日♌02：36	8月11日♌19：43	8月 1日♌09：41
9月 2日♍11：01	9月20日♍10：52	9月10日♍03：26	8月30日♍19：14
10月 1日♎22：08	10月19日♎20：52	10月 9日♎11：35	9月29日♎03：59
10月31日♏11：59	11月18日♏09：16	11月 7日♏21：04	10月28日♏12：54
11月30日♐04：39	12月18日♐00：35	12月 7日♐08：40	11月26日♐22：48
12月29日♑23：32			12月26日♑10：04

○満月

2035	2036	2037	2038
1月24日♌05：17	1月13日♋20：16	1月 2日♋11：35	1月21日♌13：00
2月22日♍17：54	2月12日♌07：09	1月31日♌23：04	2月20日♍01：11
3月24日♎07：42	3月12日♍18：10	3月 2日♍09：28	3月21日♎11：11
4月22日♏22：21	4月11日♎05：23	3月31日♎18：55	4月19日♎19：36
5月22日♐13：26	5月10日♏17：10	4月30日♏03：54	5月19日♏03：24
6月21日♐04：39	6月 9日♐06：02	5月29日♐13：24	6月17日♐11：31
7月20日♑19：27	7月 8日♑20：21	6月28日♑00：20	7月16日♑20：48
8月19日♒10：00	8月 7日♒11：49	7月27日♒13：15	8月15日♒07：57
9月17日♓23：25	9月 6日♓03：47	8月26日♓04：11	9月13日♓21：26
10月17日♈11：37	10月 5日♈19：15	9月24日♈20：33	10月13日♈13：22
11月15日♉22：49	11月 4日♉09：44	10月24日♉13：38	11月12日♉07：27
12月15日♊09：33	12月 3日♊23：10	11月23日♊06：35	12月12日♊02：32
		12月22日♋23：40	

♈…牡羊座　♉…牡牛座　♊…双子座　♋…蟹座　♌…獅子座　♍…乙女座
♎…天秤座　♏…蠍座　♐…射手座　♑…山羊座　♒…水瓶座　♓…魚座

2047	2048	2049	2050
1月26日♒10：45	1月15日♑20：34	1月 4日♑11：25	1月23日♒13：58
2月25日♓03：27	2月14日♒09：33	2月 2日♒22：17	2月22日♓00：04
3月26日♈20：46	3月14日♓23：28	3月 4日♓09：14	3月23日♈09：42
4月25日♉13：41	4月13日♈14：21	4月 2日♈20：41	4月21日♉19：28
5月25日♊05：28	5月13日♉05：59	5月 2日♉09：12	5月21日♊05：52
6月23日♋19：37	6月11日♊21：51	5月31日♊23：02	6月19日♊17：23
7月23日♌07：51	7月11日♋13：05	6月30日♋13：52	7月19日♋06：19
8月21日♌18：17	8月10日♌03：01	7月30日♌05：08	8月17日♌20：49
9月20日♍03：32	9月 8日♍15：26	8月28日♍20：20	9月16日♍12：50
10月19日♎12：29	10月 8日♎02：46	9月27日♎11：07	10月16日♎05：50
11月17日♏22：00	11月 6日♏13：40	10月27日♏01：16	11月14日♏22：43
12月17日♐08：39	12月 6日♐00：32	11月25日♐14：36	12月14日♐14：19
		12月25日♑02：53	

2047	2048	2049	2050
1月12日♋10：23	1月 1日♋15：57	1月19日♋11：29	1月 8日♋10：39
2月10日♌23：40	1月31日♌09：16	2月18日♌05：49	2月 7日♌05：49
3月12日♍10：37	2月29日♍23：38	3月19日♍21：23	3月 9日♍00：23
4月10日♎19：37	3月30日♎11：06	4月18日♎10：05	4月 7日♎17：12
5月10日♏03：26	4月28日♏20：13	5月17日♏20：14	5月 7日♏07：26
6月 8日♐11：05	5月28日♐03：57	6月16日♐04：27	6月 5日♐18：51
7月 7日♑19：34	6月26日♑11：08	7月15日♑11：31	7月 5日♑03：51
8月 6日♒05：40	7月25日♒18：34	8月13日♒18：21	8月 3日♒11：22
9月 4日♓17：54	8月24日♓03：07	9月12日♓02：06	9月 1日♓18：31
10月 4日♈08：42	9月22日♓13：47	10月11日♈11：55	10月 1日♈02：32
11月 3日♉01：58	10月22日♈03：25	11月10日♉00：38	10月30日♉12：16
12月 2日♊20：55	11月20日♉20：21	12月 9日♊16：28	11月29日♊00：10
	12月20日♊15：39		12月28日♋14：16

●新月

2043	2044	2045	2046
1月11日♑15：54	1月30日♒13：05	1月18日♑13：27	1月 7日♑13：24
2月10日♒06：09	2月29日♓05：14	2月17日♒08：52	2月 6日♒08：11
3月11日♓18：11	3月29日♈18：28	3月19日♓02：16	3月 8日♓03：17
4月10日♈04：08	4月28日♉04：43	4月17日♈16：28	4月 6日♈20：53
5月 9日♉12：23	5月27日♊12：41	5月17日♉03：28	5月 6日♉11：57
6月 7日♊19：37	6月25日♋19：26	6月15日♊12：06	6月 5日♊00：24
7月 7日♋02：52	7月25日♌02：12	7月14日♋19：30	7月 4日♋10：40
8月 5日♌11：24	8月23日♍10：06	8月13日♌02：41	8月 2日♌19：26
9月 3日♍22：19	9月21日♍20：05	9月11日♍10：28	9月 1日♍03：27
10月 3日♎12：13	10月21日♎08：38	10月10日♎19：38	9月30日♎11：27
11月 2日♏04：58	11月19日♏23：58	11月 9日♏06：51	10月29日♏20：18
12月 1日♐23：38	12月19日♐17：54	12月 8日♐20：43	11月28日♐06：51
12月31日♑18：49			12月27日♑19：41

○満月

2043	2044	2045	2046
1月25日♌15：58	1月15日♋03：51	1月 3日♋19：22	1月22日♌21：51
2月24日♍06：58	2月13日♌15：42	2月 2日♌06：07	2月21日♍08：46
3月25日♎23：28	3月14日♍04：41	3月 3日♍16：54	3月22日♎18：27
4月24日♏16：23	4月12日♎18：39	4月 2日♎03：43	4月21日♏03：21
5月24日♐08：37	5月12日♏09：18	5月 1日♏14：52	5月20日♏12：17
6月22日♑23：22	6月11日♐00：16	5月31日♐02：54	6月18日♐22：10
7月22日♑12：24	7月10日♑15：22	6月29日♑16：16	7月18日♑09：55
8月21日♒00：06	8月 9日♒06：14	7月29日♒07：12	8月16日♒23：50
9月19日♓10：47	9月 7日♓20：26	8月27日♓23：08	9月15日♓15：41
10月18日♈20：56	10月 7日♈09：30	9月26日♈15：13	10月15日♈08：43
11月17日♉06：53	11月 5日♉21：28	10月26日♉06：31	11月14日♉02：06
12月16日♊17：02	12月 5日♊08：34	11月24日♊20：45	12月13日♊18：57
		12月24日♋09：49	

本書は2007年刊行の
『新月＆満月のリズムで夢をかなえる』（ヴィレッジブックス）を
大幅に加筆・修正し、構成しなおしたものです。

岡本翔子（おかもとしょうこ）
占星術研究家。ロンドンにある英国占星学協会で、心理学をベースにした占星術を学ぶ。英国占星学協会会員。創刊以来連載を続ける『ＣＲＥＡ』のほか、『料理王国』『料理通信』『EFiL』等、多数の雑誌で連載を持つ。著書・訳書に『完全版　心理占星学入門』（アスペクト）、『占星学』（リズ・グリーン著・鏡リュウジ共訳／青土社）、『月のリズムで暮らす本』『月の大事典』（ともに、テレサ・ムーリー著・監訳／ソニーマガジンズ）など多数がある。月のリズムを生活に生かすヒントが満載の手帳『ＭＯＯＮ ＢＯＯＫ』（アスペクト）が毎年好評。各種講座も行い、多数のファンを得ている。近年はモロッコのマラケシュに一年のうち数カ月滞在。新月や満月の日を選んでサハラ砂漠に出かけるのがライフスタイルになっている。
公式サイト http://www.okamotoshoko.com

「月のリズム」で夢をかなえる
ムーン・マジック

2011年5月10日　初版第1刷発行

著　　者　岡本翔子

発 行 者　栗原幹夫
発 行 所　ＫＫベストセラーズ
東京都豊島区南大塚2-29-7 〒170-8457
電話 03-5976-9121
振替 00180-6-103083
http：//www.kk-bestsellers.com/
印 刷 所　錦明印刷株式会社
製 本 所　株式会社積信堂
ＤＴＰ製作　F's factory
ISBN978-4-584-13311-8 C0011